SOMMAIRE

Préface..5
12 étapes clés pour
Bienvenue dans l'industrie du savoir-faire
Pourquoi franchiser ?

Chapitre I. Préparer votre projet de franchise.....................13
Étape 1. Le diagnostic de franchisabilité
Étape 2. Le modèle économique du franchiseur
Étape 3. Le plan d'action du développement
Étape 4. Le manuel opératoire du développement

Chapitre II. Recruter vos premiers franchisés.....................55
Étape 5. La formation de vos équipes à la franchise
Étape 6. Le lancement de vos campagnes de recrutement
Étape 7. Le contrat et le DIP
Étape 8. La signature de votre premier contrat

Chapitre III. Assister vos premiers franchisés.....................93
Étape 9. L'assistance précontractuelle
Étape 10. Le manuel opératoire du franchisé
Étape 11. La formation de vos franchisés
Étape 12. La réussite de votre ouverture

Conclusion..129

Références..131

PRÉFACE

Par Véronique Discours-Buhot
Déléguée Générale FFF

La franchise est mal connue et souffre parfois de préjugés... Comme la majorité des termes usuels, le mot est souvent employé à contre sens et en méconnaissance de ses mécanismes et fondements.

Ce modèle d'entreprenariat est pourtant unique, moderne, et particulièrement adapté aux enjeux sociétaux et économiques de notre époque ! Plus que jamais notre pays a besoin d'entrepreneurs ingénieux, capables de créer de la richesse et de l'emploi et de redynamiser le tissu économique régional et local, mais également d'exporter le savoir-faire et l'image de la France au-delà des frontières... Ce qui le rend puissant et séduisant c'est que le développement du projet se fait sur la base d'une communauté d'entrepreneurs, le franchiseur et les franchisés, liés ensemble à la réussite de l'entreprise. En cela il est vertueux, alors que la plupart des modèles d'entreprenariat ont pour effet la concentration du capital, la franchise est basée sur le partage de la richesse...

Ce mécanisme est ingénieux car il permet à un entrepreneur porteur d'une idée, le franchiseur, de la conceptualiser et une fois sa viabilité testée, de partager son dévelosppement avec d'autres entrepreneurs, les franchisés, acteurs solidaires de son déploiement sur le marché. Cette ambition de réussite collective et les synergies dégagées, permettent d'atteindre plus rapidement les tailles critiques assurant une part de marché pertinente pour la création d'une véritable marque pérenne.

Ce mécanisme est vertueux car il permet à ces 2 catégories d'entrepreneurs indépendants de se répartir les rôles et d'agir en complémentarité garantissant ainsi une performance accrue et une pérennité du business. Alors que l'entrepreneur indépendant isolé souffre de la difficulté d'être confronté aux impératifs du temps court de la gestion opérationnelle de son affaire, et au besoin de recherche et développement qui s'établit sur un temps plus long, la franchise répond à cet écueil et au besoin inéluctable d'adaptation permanente de l'offre par le partage des tâches.

La responsabilité du concept incombe clairement au franchiseur qui a la charge de l'affiner et de l'actualiser régulièrement afin qu'il réponde aux évolutions de la société et aux attentes constamment renouvelées des consommateurs. Le franchisé quant à lui, en tant qu'entrepreneur indépendant propriétaire de son affaire, a la charge du déploiement opérationnel et se focalise sur l'efficience de l'organisation. C'est cette complémentarité qui confère sa force au modèle et la conscience claire, qu'il n'y a pas de réussite du franchiseur sans celle de ses franchisés et réciproquement... Le précieux bien que franchiseur et franchisé ont en commun est la marque qu'ils vont faire vivre, nourrir et protéger, faire grandir... C'est grâce à l'intelligence collective et à la conscience de l'importance des rôles respectifs que les plus grandes marques en franchise ont pu établir leur notoriété.

La Fédération Française de la franchise veille à garantir une équité dans la relation franchiseur franchisés; Le code de déontologie en est un des fondements. L'objectif de notre fédération est de renforcer la notoriété et l'image d'une franchise vertueuse et de faire reconnaître auprès de l'ensemble des acteurs publics, les vertus de ce modèle d'entreprenariat. C'est pourquoi nous sommes heureux de participer au lancement du guide qui j'en suis certaine, permettra à ses lecteurs de comprendre ce qu'est la franchise et le rôle du franchiseur. Gageons qu'il convaincra nombre de ses lecteurs de choisir la voie de la franchise pour se lancer dans l'entreprenariat !

12 ÉTAPES CLÉS POUR DEVENIR FRANCHISEUR

Vous trouverez dans ce guide le détail des 12 étapes pour devenir franchiseur, qui correspondent à la préparation de votre projet de réseau, au recrutement de vos premiers candidats et au lancement de vos franchisés pionniers.

Préparer votre offre

1. Le diagnostic de franchisabilité pour évaluer la faisabilité d'un développement en franchise de votre concept ;

2. La création de votre modèle économique de franchiseur basé sur les 5 centres de profit (marque, formation, services au réseau, logiciels et communication) :

3. La création de votre Plan d'Action du Développement, qui est la feuille de route de votre développement en réseau ;

4. La rédaction du manuel opératoire du développement du réseau, qui correspond aux process, scripts et outils vous permettant de convertir vos candidats qualifiés en franchisés prêts à se lancer.

Recruter vos premiers franchisés

5. La formation de vos équipes au métier de franchiseur pour amorcer l'apprentissage de votre nouveau métier et accueillir avec professionnalisme vos franchisés ;

6. Le lancement des campagnes de recrutement des franchisés pour faire avancer le projet au rythme des demandes des candidats et apprendre par l'expérience ;

7. La création de votre DIP (Document d'Information Précontractuel), de votre contrat de réservation de zone et de votre contrat de franchise pour établir des bases juridiques solides avec vos franchisés ;

8. La signature de votre premier contrat de réservation de zone et l'encaissement d'un premier acompte sur droit d'entrée.

Assister vos franchisés dans leur réussite

9. L'assistance précontractuelle au candidat à la franchise jusqu'à la signature définitive de son contrat ;

10. La rédaction de votre manuel opératoire du franchisé, support central de la formation suivie par vos franchisés ;

11. Le séquençage du rétro-planning d'ouverture de vos premiers franchisés, qui formalise votre assistance avant l'ouverture du franchisé ;

12. La formalisation de votre accompagnement aux 120 premiers jours d'exploitation du franchisé, qui guide les premiers pas de votre animateur dans son assistance au lancement de vos premiers franchisés.

Notre méthodologie privilégie l'apprentissage de votre nouveau métier par l'expérience, c'est-à-dire au contact de vos candidats et futurs franchisés, afin que vous puissiez construire les bases d'un réseau solide et rentable.

BIENVENUE DANS L'INDUSTRIE DU SAVOIR-FAIRE

L'expérience a forgé notre vision. Être franchiseur n'est pas une activité tierce, mais bel et bien un métier à part entière. Quelle que soit leur activité, les franchiseurs font tous partie du même secteur : l'industrie du savoir-faire. Un savoir-faire commercialisé sous forme de projet professionnel aux franchisés, sélectionnés selon leur appétence sectorielle, leurs compétences professionnelles et leur communauté de valeurs. Des valeurs qui vont bien au-delà de la notion de culture. C'est l'âme même du réseau qui doit être transmise à chaque franchisé pour permettre au concept d'exister et de perdurer. Ce sont ces éléments qui donnent tout son sens à cette aventure collective, partagée entre franchisés et franchiseurs. Nous sommes convaincus que la réussite durable d'un réseau repose sur une satisfaction partagée du franchisé, du franchiseur et du client final.

Le concept doit être structuré pour pouvoir être dupliqué. Le temps, l'expérience et l'expertise ont permis d'imaginer un cadre organisationnel et des méthodes éprouvées afin de sécuriser la croissance de chaque réseau et en maximiser le succès. Cette réussite peut être planifiée à travers une approche nouvelle des centres de profits et par la mise en œuvre d'outils innovants :
- Le manuel opératoire du franchiseur, qui comprend les 5 expertises que sont la Direction du réseau, le Développement, la Formation, l'Animation et la Communication. C'est le mode d'emploi de la réussite du franchiseur dans son développement en réseau ;
- Le référentiel franchiseur, c'est-à-dire les ratios clés de notre industrie qui mesurent le succès du réseau dans chacune de ses fonctions, sous forme de tableau de bord de la Direction, du Développement, de

la Formation, de l'Animation, de la Communication et du franchisé ;
- Le manuel opératoire du franchisé, mode d'emploi de la reproduction du succès du pilote du réseau, structuré en 5 parties. C'est la surperformance économique du pilote, mesurée par les ratios d'acquisition client et les ratios d'exploitation, qui fonde le développement en franchise.

Dans cette industrie encore jeune, l'objectif de ce guide est d'accompagner les futurs franchiseurs dans la création, la structuration et le développement de leur réseau, ainsi que dans la mise en œuvre de ces 5 centres de profits.

POURQUOI FRANCHISER ?

La franchise est un modèle avantageux, tant pour le franchiseur qui bénéficie d'un développement rapide et à moindre coût sur un territoire plus vaste avec des partenaires maîtrisant leur zone ; que pour le franchisé qui entreprend sur la base d'un modèle à reproduire, d'une assistance et de l'entourage d'un réseau qui participe à son succès.

La franchise est une stratégie de développement souple et adaptable, qui présente 6 avantages à l'origine de son attractivité :

• C'est un moyen de financement privilégié pour développer un réseau commercial : le franchiseur peut démultiplier les points de vente, tout en limitant les coûts de structure humaine et en s'affranchissant des investissements liés aux points de vente ;

• Ça permet d'homogénéiser les pratiques commerciales, de contrôler la distribution et d'enregistrer une force de frappe importante : la masse de commandes permet au franchiseur une négociation des prix qui profite à l'ensemble des partenaires du réseau ;

• Ça réduit les efforts en matière de recrutement : le franchiseur recrute ses collaborateurs en charge de l'animation, de l'assistance et du développement du réseau. Le franchisé se charge, de son côté, du recrutement et de l'animation des salariés de son propre point de vente ;

• Ça permet la conquête rapide du marché tout en maîtrisant la capacité de réaction de la concurrence : le franchiseur profite de la dynamique d'un réseau d'entrepreneurs indépendants pleinement investis dans l'exploitation de leur point de vente et connaissant parfaitement leur zone géographique ;

• Ça permet de gagner rapidement en notoriété et en fidélisation de la clientèle : le franchiseur accroît la notoriété de son enseigne en multipliant les moyens de communication portés par l'ensemble des

franchisés ;
• Ça offre au franchisé un modèle de réussite « prêt à l'em ploi » qui lui permet de se concentrer sur les enjeux opérationnels, la diminution du risque d'entreprendre et un environnement de réseau qui rompt l'isolement propre au chef d'entreprise.

Dans une économie digitalisée qui favorise la diffusion du savoir-faire et l'autonomie des travailleurs, la franchise est parfaitement adaptée aux nouveaux enjeux organisationnels des entreprises. Notamment celles en quête de souplesse et d'efficacité.

Les 12 bénéfices du franchiseur

Accélérer : exploiter au plus vite une innovation.
Communiquer : offrir une visibilité globale et rapide à son enseigne et à son concept.
Distribuer : créer un réseau de distributeurs exclusifs, engagés et fidélisés.
Financer : mobiliser les moyens de financement du franchisé pour développer le réseau.
Mailler : compléter sa couverture géographique, investir des territoires géographiques lointains, conquérir l'export et s'implanter dans des zones à moindre potentiel.
Mutualiser : créer des économies d'échelle en répartissant les coûts sur l'ensemble du réseau.
Performer : bénéficier de la surperformance du franchisé, investi personnellement dans son point de vente.
Rentabiliser : amortir les couts de développement d'une infrastructure, d'un service ou d'un logiciel.
Repositionner : changer de métier pour accéder à la rentabilité d'une activité de service et de licence de marque.
Transformer : créer 5 centres de profits à partir de ses actifs franchisables.
Vibrer : vivre une aventure humaine basée sur l'intelligence collective en partageant sa réussite.

CHAPITRE I

Préparer votre projet de franchise

ÉTAPE 1. LE DIAGNOSTIC DE FRANCHISABILITÉ

Présentation

Votre concept est-il franchisable ?

Le diagnostic de franchisabilité permet de valider la faisabilité du développement en franchise d'un concept. Sa forme et son envergure varient en fonction de la taille du projet, de l'ambition du développement, de la maturité du concept et de l'environnement du franchiseur. Il peut s'agir d'un simple entretien approfondi avec le créateur du concept ou d'un audit conséquent de plusieurs semaines.

Le diagnostic de franchisabilité porte sur 6 points :
- La marque : possédez-vous les droits= de propriété intellectuelle de votre marque et de ses signes distinctifs ?
- Le savoir-faire : avez-vous mis au point des techniques et des méthodes qui vous sont propres ?
- La rentabilité : quel est le montant du retour sur investissement de votre exploitation pilote ?
- Le concept : en quoi votre concept se distingue-t-il de ce qui existe sur le marché ?
- Le savoir-être : disposez-vous des qualités qui vous permettent de travailler sereinement avec d'autres indépendants ?
- Les ressources : quel est le niveau des ressources humaines et matériels qui vont accompagner votre projet de réseau ?

En franchise, un point d'attention particulier est porté sur l'expérimentation du pilote. Il est idéal de pouvoir présenter les résultats d'au moins 2 unités sur 3 ans. Toutefois, il n'existe pas d'obligation légale précisant ces conditions chiffrées. Seul le code de déontologie européen de la franchise précise que « le franchiseur devra avoir mis au point et exploité avec succès un concept sur le marché pertinent, pendant au moins un an et dans au moins une unité pilote, avant le lancement du réseau de franchise sur ce marché. »
- Le succès du pilote est-il lié à des facteurs spécifiques ? Ces facteurs spécifiques peuvent concerner la personnalité du dirigeant, son histoire, ses qualités non reproductibles, l'environnement économique dans lequel est implanté le pilote, une conjonction exceptionnelle d'éléments, etc.

• Existe-t-il des freins à la reproduction du succès du pilote ? Il peut s'agir d'une pénurie de main d'œuvre, d'un marché limité, d'un risque de dilution du savoir-faire, d'une marque non distinctive, de contraintes d'exploitation fortes, etc.

• L'enseigne dispose-t-elle des ressources pour dupliquer le pilote ? Ces ressources peuvent être humaines, matérielles, financières ou organisationnelles.

Check list du diagnostic de franchisabilité

La marque : enregistrement, identité visuelle, réseaux sociaux, actions média.

Le savoir-faire : modélisation du savoir-faire, élaboration des méthodes et outils de transmission.

Le pilote : facteurs clés de réussite, cycle de vente, ratios commerciaux, éléments permettant la réitération du concept.

Le concept : attractivité, niveau de concurrence, normes et obligations légales, niveau de qualification et d'investissement requis.

Le savoir-être du dirigeant : leadership, esprit pédagogique, ressenti sur l'équilibre des parties.

Les moyens à mettre en place par le franchiseur : formation, accompagnement au démarrage, animation du réseau...

Points de repères

Fondements de la relation franchiseur/franchisé

La franchise est un accord par lequel une société (franchiseur) concède par contrat à une autre société (franchisé) le droit d'exploiter son concept, en échange d'une contrepartie financière. Le concept est constitué d'une marque, d'un savoir-faire et d'une expérimentation probante. Les contreparties financières à la mise à disposition du concept par le franchiseur au franchisé prennent généralement la forme d'un package de démarrage, de redevance sur le chiffre d'affaires, de produits et de services achetés auprès du franchiseur à des conditions négociées.

Selon le Code de Déontologie Européen (article 2.2.b), le franchiseur doit par ailleurs être titulaire des droits relatifs aux signes de ralliement de la clientèle : enseigne, marques et autres signes distinctifs. Le fait de protéger sa marque, ses attributs (visuels, écrits) ou tout autre signe distinctif revient à empêcher un tiers ou un ex-franchisé d'utiliser ou de reprendre à son compte ce qui fait l'image d'une enseigne. Il n'existe en revanche aucune obligation juridique spécifique.

Pour pouvoir être concédée, la marque et l'ensemble de ces signes distinctifs (logo, concept marchand, design spécifiques...) doivent être la pleine propriété du franchiseur. Le savoir-faire doit être secret, substantiel et identifié, souvent formalisé dans un manuel opératoire du concept. Il peut résulter de l'assemblage de plusieurs savoir-faire qui, pris isolément, ne sont pas distinctifs mais qui, une fois rassemblés, forment un tout original. Enfin, l'expérimentation probante du savoir-faire est indissociable de la franchise. Cette expérimentation, nommée pilote du réseau, doit permettre de disposer d'un recul d'au moins 2 ans, dont témoigne la qualité de chiffres clés tels que le retour sur investissement, la rentabilité d'exploitation, le chiffre d'affaires, les achats, les salaires et les charges liées à l'exploitation du concept.

Les conditions de cet accord sont encadrées par un contrat de franchise. Il n'existe quasiment pas de textes juridiques spécifiques au fonctionnement de la franchise : ce sont les différents droits qui s'appliquent (code du commerce, droit des contrats, droit des marques, etc.), complétés par une abondante jurisprudence qui précise et fait évoluer la législation.

Relation gagnant-gagnant

D'un point de vue juridique, le franchisé et le franchiseur sont liés par un contrat de type client/fournisseur, qui se traduit par des factures périodiques émises par le franchiseur ou ses partenaires, et un règlement du franchisé en retour. Si la dimension humaine est primordiale dans les interactions du quotidien, la relation franchisé/franchiseur reste commerciale. Le franchisé "achète" un modèle de succès prévisible mais non garanti auprès du franchiseur, incluant la mise à disposition du savoir-faire, de la marque et l'assistance à l'atteinte du référentiel chiffré du réseau.

Placée sous le signe de la réussite partagée, la relation commerciale franchisé/franchiseur est caractérisée par la création de valeur, c'est-à-dire la vente auprès d'un client du concept. Par nature, cette relation est gagnant-gagnant : il n'y a pas de perdant dans une relation de franchise équilibrée. Toutes les parties ont beaucoup à gagner :

- Le franchisé et le franchiseur établissent des règles de fonctionnement claires, qui s'affranchissent des non-dits ;
- Ils dépassent la relation de subordination caractéristique du salariat pour se concentrer sur la création de valeur ;
- L'ensemble de la relation profite de cette approche « customer centric », basée sur les attentes du franchisé, qui a déjà fait ses preuves dans de nombreux secteurs.

Adopter cette posture, c'est s'offrir la possibilité de créer une offre de franchise pensée autour des attentes des clients, selon une méthodologie éprouvée. En clair, une offre qui s'adresse à un segment défini de profil de candidats, à comprendre leurs attentes, à construire un modèle économique équilibré, à élaborer une stratégie d'acquisition de candidats, à proposer un processus de vente adapté, à fidéliser les franchisés et à mettre en place de la prescription au sein du réseau.

Conditions du succès

Il ne suffit pas d'avoir l'envie ou les moyens financiers de ses ambitions pour devenir franchiseur, mais aussi d'avoir le trempe d'un dirigeant capable de gérer les imprévus et les moments difficiles. Le franchiseur doit composer avec des partenaires indépendants qui posent des questions (parfois) désagréables, exigent des explications chiffrées et remettent en cause des croyances personnelles. La personnalité et les qualités du dirigeant sont des leviers considérables de réussite et des symboles forts de l'âme du réseau (l'âme du réseau représentant tout le socle de valeurs de la marque, sa vision et ses ambitions).

Au-delà du charisme du dirigeant, le succès d'une franchise qui démarre tient à 3 autres facteurs principaux :
- La notoriété de l'enseigne. Plus particulièrement, la qualité de sa communication digitale. Aux yeux des consommateurs, une présence sur le web soignée permet de faire la différence, en plus de participer à la reconnaissance et à la promotion de la marque.
- Le savoir-faire en développement, autrement dit l'avantage concurrentiel d'une enseigne par rapport à l'entrepreneuriat solitaire, ou par rapport aux autres propositions de franchise. Il s'agit de l'essence même du succès. Les qualités relationnelles de la tête de réseau contribuent à son bon fonctionnement et à sa réussite. Le franchiseur et ses équipes parviennent à attirer au sein du réseau les bons partenaires, qui sauront devenir de véritables ambassadeurs du concept.
- Le modèle économique, élément décisif pour la performance durable d'un réseau de franchise.

Pour conclure, créer un réseau de franchise exige de l'expertise, des ressources, du temps et des budgets spécifiques. Le métier de franchiseur ne s'improvise pas.

Avis d'experts

Laurent Delafontaine. « Changer de vie et devenir franchiseur »
- Est-ce le bon moment et/ou le bon levier pour le développement de votre entreprise ?
- Avez-vous suffisamment d'assurance pour initier un projet qui engage votre entreprise et votre responsabilité morale vis-à-vis de vos futurs franchisés ?
- Avez-vous l'énergie et le charisme pour fédérer un réseau de franchisés ?
- Avez-vous les qualités et l'empathie pour faire face aux sollicitations des franchisés ?
- Avez-vous les ressources et les budgets pour la mise en œuvre du projet ?

Devenir franchiseur, c'est apprendre un nouveau métier. En parallèle d'une dimension opérationnelle (restaurateur, coiffeur, prestataire de services aux entreprises, etc.), le franchiseur doit extraire le savoir-faire promu aux candidats à la franchise. C'est également comprendre son savoir-faire et être capable de le vendre et de le dupliquer à l'infini, en fonction de ses objectifs de développement. Le franchiseur est non seulement un professionnel de son métier mais aussi un professionnel de la transmission de son savoir-faire.

Devenir franchiseur se rapproche d'une entrée en bourse ou d'une levée de fonds. Ça nécessite un temps de préparation, de compréhension, de décision et de modélisation d'une offre à destination de tiers externes à l'entreprise. Vient ensuite la communication pour trouver et vendre cette offre, dans un cas aux nouveaux actionnaires, dans l'autre cas aux franchisés. Enfin, cette relation est animée dans le temps par des droits et des devoirs réciproques.

Le futur franchiseur dispose d'un modèle de réussite qu'il a souvent mis au point lui-même, à force d'expérience, d'essais et de tâtonnements. La somme de ses expériences lui a permis de mettre au point son concept. Au quotidien, il réalise des tâches opérationnelles telles que la vente, le management et la gestion. En devenant franchiseur, il se dégage de l'exploitation directe de son concept pour se concentrer sur des tâches essentielles : la stratégie de croissance de son entreprise, le développement de son enseigne, la mise à disposition du savoir-faire, la gouvernance du réseau, le rayonnement de sa marque et l'approfondissement d'un aspect de son concept.

Au-delà de la fierté de voir son concept se dupliquer sur le territoire et être plébiscité par les consommateurs, le franchiseur prend rapidement goût à cette nouvelle vie qui satisfait ses ambitions de chef d'entreprise, mais également son besoin d'horizons nouveaux et créatifs. Au cours de cette nouvelle aventure professionnelle, le sens relationnel, la vision et l'enthousiasme à mener le réseau sont tout aussi importants que la qualité intrinsèque du concept.

Julien Siouffi. « Transformer vos coûts en profits. »
En franchisant son concept, le futur franchiseur transforme ses postes de coûts en centres de profit. Les fonctions supports de l'entreprise telles que la communication, la mise au point du savoir-faire, la formation ou encore l'animation deviennent autant de services vendus au franchisé. En retour, le franchisé bénéficie au quotidien d'une expertise sans équivalent : quel autre meilleur spécialiste de son métier que le franchiseur qui a expérimenté le concept et s'engage à faire réussir ceux qui le dupliquent ? Lorsqu'il est organisé, le réseau lui-même devient un atout pour le franchiseur : les franchisés exercent la même activité et échangent autour des mêmes enjeux, créant un environnement humain inaccessible pour un entrepreneur indépendant.

En ce sens, la franchise est une forme de « taylorisme » de l'organisation des entreprises, appliqué au secteur du tertiaire dans lequel une entreprise – le franchiseur – se spécialise dans une fonction précise (marque, formation, communication, stratégie) et une autre partie, le franchisé, se dédie à l'opérationnel (vente, management, gestion de son propre centre de profit). Ce modèle organique s'affranchit de la verticalité subordonnante qui fonde l'organisation de la plupart des entreprises contemporaines. C'est une approche où la réussite de chacun dépend de la réussite de l'autre, sans autre lien que l'intérêt commun, porté par une convergence de valeurs et de vision. Même la répartition du capital relève d'une logique nouvelle : la propriété du réseau s'analyse en fonds de commerces possédés par des entrepreneurs indépendants, se partageant la valeur commune tout en privilégiant la liquidité de chacun.

Hubert Bensoussan. « Le diagnostic du juge. »
Saisi par certains franchisés en difficulté, le juge contribue à façonner le diagnostic de franchisabilité.

Une expérimentation préalable réussie du savoir-faire
Celle-ci doit être réalisée dans au moins 2 établissements dits pilotes. Tout est testé : l'assortiment, la mise en rayons, les modalités et la durée de l'animation, les agencements, la politique digitale, la politique de prix, la communication, etc. Le pilote doit réellement cibler les avantages, les inconvénients et les points d'amélioration du concept.

Une expérimentation pouvant être initiée par des partenaires
Il est possible pour le franchiseur de déléguer, sous son contrôle, l'expérimentation du savoir-faire à de futurs franchisés qui prennent alors le statut de simples licenciés de la Marque. Cela permet un test du concept dans un contexte très proche de celui de la franchise. Le contrat de licence diffère de la franchise en ce qu'il n'implique pas un transfert de savoir-faire expérimenté.

Le licencié doit logiquement en être averti et accepter de réaliser lui-même les tests nécessaires en vue de l'optimisation du savoir-faire et de la transformation future du contrat de licence en contrat de franchise. Le passage à la franchise suppose le constat préalable du succès de l'expérimentation, de l'efficience du savoir-faire et donc de la réussite du concept.

Des critères pratiques de validation du savoir-faire par le juge
Lorsqu'il est saisi par un franchisé d'une demande de nullité du contrat de franchise pour un savoir-faire n'ayant pas fait ses preuves, le juge est pragmatique. Exit les exigences anciennes d'originalité, de spécificité, de secret. Le savoir-faire doit simplement être « peu facilement accessible ». Le juge s'intéresse à la performance économique du concept, à la satisfaction du consommateur final ou même à celle d'autres franchisés du réseau pour se prononcer. Ces derniers sont loin d'être neutres sur l'appréciation de la franchisabilité d'un concept. La jurisprudence a ainsi validé un savoir-faire du fait de sa reconnaissance par l'opinion majoritaire des franchisés.

Un savoir-faire transmissible

La « Bible », nom usuel bizarrement donné aux différents manuels de savoir-faire, constitue le mode de transmission le plus classique du savoir-faire. Mieux vaut en rédiger 2, l'une à l'intention de l'équipe franchiseur, compilant en les optimisant ses tâches et obligations diverses ; l'autre concernant les franchisés. Cette dernière doit être très simplement écrite, d'une grande clarté et désormais digitale, ce qui facilite sa mise à jour. Pendant longtemps, l'absence de transmission au franchisé d'une bible compilant le savoir-faire pouvait entraîner la nullité du contrat de franchise. Désormais, le contrat reste valable, dès lors que le franchiseur justifie avoir transmis une solide formation au franchisé.

Une expérimentation d'une durée variable
Pour qu'un concept soit franchisable, il est d'usage de retenir 2 ans d'expérimentation au moins dans 2 à 3 unités de vente. Cet usage peut toutefois être nuancé par le juge en fonction de l'activité. Un concept très technique exigera sans doute une expérimentation plus longue alors que s'il est d'une grande simplicité avec une efficacité immédiate, on pourra se contenter de 18 mois.

ÉTAPE 2. LE MODÈLE ÉCONOMIQUE DU FRANCHISEUR

Présentation

Au cœur du modèle, 5 centres de profit

Le développement en franchise repose sur la duplication d'un modèle de performance, qu'il appartient au franchiseur de décrypter pour construire son propre modèle économique. Le modèle économique du franchiseur se construit en 4 temps :

1. Modélisation des chiffres clé du pilote.
2. Construction des 5 centres de profits du franchiseur.
3. Formalisation du modèle cible de performance du franchisé.
4. Calcul du revenu par franchisé.

Modélisation des chiffres clés du pilote

Dans un premier temps, le franchiseur établit une approche comptable simplifiée de son(ses) exploitation(s) pilote(s) en année 1, 2 et 3, en veillant à isoler le chiffre d'affaires, les achats, la masse salariale et les charges qui relèvent de l'exploitation directe du concept. Il s'agit de retraiter les coûts non directement liés à l'activité que devra exercer le franchisé, tels que des frais de dépôt de marque payés par le franchiseur qui seront, en l'occurrence, neutralisés.

Le franchiseur procède de la même manière concernant les investissements réalisés pour l'ouverture du pilote : il prend en compte uniquement les investissements nécessaires à l'ouverture d'une nouvelle unité. À titre d'exemple, le coût de conception d'une charte du concept marchand est éliminé, puisque le franchisé pourra l'utiliser sans avoir besoin d'en faire concevoir une nouvelle. Le franchiseur se base sur les chiffres constatés dans ses unités pilotes pour effectuer cette modélisation.

Construction des 5 centres de profits

Sur la base des chiffres d'investissement et de retour sur investissement du pilote, le franchiseur peut calculer les recettes prévisionnelles des 5 catégories de services qu'il apportera au franchisé :

- L'utilisation de la marque.
- La mise à disposition du savoir-faire.
- Les services au réseau : centrale d'achat, assistance à l'ouverture,

animation, etc.
- Les logiciels.
- La communication.

Ces 5 centres de profit sont la traduction financière de l'assistance et du concept que le franchiseur met à disposition de son franchisé. Ils sont sélectionnés en fonction de leur pertinence et de leur efficacité à concourir à la réussite du franchisé, dans le respect de son autonomie.

Formalisation du modèle cible de performance du franchisé
Les chiffres de performance du pilote sont retraités à l'aune des 5 centres de profit du franchiseur : le package franchiseur est intégré à l'investissement du franchisé et les coûts représentés par les centres de profit du franchiseur viennent s'intégrer aux achats, salaires et charges du modèle. Par exemple, si un droit d'entrée est décidé, il se rajoute aux investissements de mise en place du concept à réaliser par le franchisé. De même, si une redevance est appliquée au chiffre d'affaires, elle s'intègre dans les charges.

Le modèle cible de performance du franchisé se décline sur 3 années, sur la base des chiffres suivants : CA – achats – masse salariale – charges = création de valeur. Cette création de valeur n'est pas un résultat comptable au sens du Plan Comptable Général, ni un Solde Intermédiaire de Gestion mais un retraitement chiffré qui vise à expliciter en interne la performance cible du concept. Ce modèle cible de performance du franchisé aura un impact structurant sur les fonctions développement, formation, animation et communication du franchiseur vis-à-vis de son franchisé, mais doit être manié avec une extrême prudence, au regard de la jurisprudence et de l'environnement juridique de la franchise. Ce modèle cible de performance laisse pleinement s'exprimer l'indépendance du franchisé : il lui appartiendra de décider de ses propres arbitrages comptables, en adéquation avec ses objectifs patrimoniaux, en toute autonomie et sans immixtion du franchiseur.

Le modèle de performance est ensuite décliné en ratios :
- Combien coûte un client ? Il s'agit des ratios commerciaux qui indiquent le coût d'acquisition d'un prospect, d'un client, le panier moyen, le CA moyen par client, le taux de fidélité, etc.
- Combien rapporte un client ? Il s'agit du niveau d'achat, de salaire et

de charge pour répondre à la commande d'un client.

• Combien de clients faut-il pour atteindre le modèle de performance cible ? Il s'agit des niveaux de chiffres d'affaires nécessaires à l'atteinte du seuil de rentabilité et des objectifs chiffrés de performance du concept, qui peuvent être exprimés en pourcentage ou en valeur absolue.

Ce modèle de performance cible du franchisé n'a pas qu'une fonction financière : il permet de structurer l'action du franchiseur, dont la mission consiste à assister le franchisé dans l'atteinte de ce référentiel de performance. La solidité du modèle repose sur la qualité de l'expérimentation du ou des pilotes, la qualité du savoir-faire dont dispose le franchiseur et l'efficacité de l'assistance prodiguée par le franchiseur. Cependant, le seul et unique déterminant du succès du modèle est le franchisé, qui l'exploite en tant qu'entrepreneur indépendant.

Calcul du revenu par franchisé

Le développement en réseau est un nouveau métier qui doit générer des recettes pour que le franchiseur le pratique efficacement. Le franchisé est le client du franchiseur et sa rentabilité se calcule sur la base du revenu par franchisé. Ce revenu est constitué de l'ensemble des chiffres d'affaires du franchiseur à chaque étape de la relation avec le franchisé : en phase précontractuelle (acompte de réservation de zone), avant l'ouverture (package franchiseur) et lors de chacune des années d'exploitation du franchisé.

Cet indicateur de valeur permet de calculer le retour sur investissement du projet de réseau, en associant à chaque étape de la mise en franchise les recettes correspondantes.

Check list des centres de profit

Marque : droit d'entrée, redevance fixe, variable, en pourcentage, en montant, dégressive, progressive.

Formation : formation initiale du franchisé, formation continue du franchisé et des collaborateurs, formation d'intégration des nouveaux collaborateurs du franchisé, formation de professionnalisation.

Services au réseau : sourcing, prestation de service, externalisation, centrale d'achat, centrale de référencement, centrale de vente, centrale de service, assistance à la conception du point de vente, assistance au lancement, maitrise d'œuvre, animation de l'unité franchisée, contrôle qualité, plan d'action, conseil, coaching.

Système d'information : licence d'utilisation de logiciel métier, paramétrage informatique, assistance utilisateur, mise à jour de base de données, tableaux de bord, traitement de la data.

Communication : plan de communication local, opération promotionnelle, planning de communication, achat d'espace publicitaire local, community management, production graphique, licence de droits, impressions, PLV, matériel publicitaire, échantillon, référencement de prestataires.

Points de repères

La franchise, un cercle vertueux
Lorsqu'il met à disposition du franchisé son concept, le franchiseur dispose de nombreux leviers pour créer son propre modèle économique, principalement autour de 3 axes :
- Le package de démarrage, qui comprend le droit d'entrée, la formation initiale, l'assistance à l'ouverture et la fourniture de produits et services ;
- Les redevances, qu'elles soient fixe ou variables, indexées sur les chiffres d'affaires ou tout autre valeur ;
- Les obligations d'achat du franchisé, qu'il s'agisse de prestations ou de services indispensables à la mise en œuvre du concept.

Ces centres de profit du franchiseur sont conçus pour apporter un avantage compétitif au franchisé :
- La mutualisation générée par le réseau permet au franchiseur de proposer des produits et des services à un prix compétitif ;
- La mise à disposition du concept, par nature profitable, permet de solvabiliser les franchisés qui les achètent ;
- La croissance du franchisé accroit ses besoins en produits et en services du franchiseur ;
- La massification des achats de produits et de services auprès du franchiseur permet d'améliorer les conditions des franchisés.

Le cercle vertueux de la franchise repose ainsi sur une croissance et une valeur partagées. Il est tout aussi indispensable de concevoir un modèle économique rentable pour le franchisé que pour le franchiseur, car la bonne santé de l'un ne peut se concevoir sans celle de l'autre.

Combien la franchise rapporte-t-elle au franchisé ?
Lorsqu'il met au point son modèle économique, le franchiseur réalise des arbitrages de création de valeur avec le concours de son expert-comptable en fonction de ses objectifs patrimoniaux. Même si la réussite du concept est entre les mains du franchisé, celle-ci évolue dans cette fourchette de création de valeur. En franchise, il existe des modèles aux niveaux d'investissement et de rentabilité très différents, ce qui rend difficile l'établissement d'une moyenne ou de valeurs types exploitables.

Pour déterminer la rentabilité cible de l'exploitation, le plus astucieux consiste à adopter le point de vue du futur profil de franchisé : quelles sont ses attentes financières ? Afin de mieux les appréhender, il est nécessaire de comprendre les notions de revenu direct, de revenu indirect et de construction du patrimoine d'un chef d'entreprise franchisé.

Point de départ : l'apport personnel
La rentabilité d'une franchise dépend souvent de l'investissement initial et des perspectives de revenus qui en découlent. L'investissement initial correspond à l'apport personnel du franchisé, en moyenne 35% de l'investissement total. Pour un concept nécessitant 120 000€ d'investissement, l'apport personnel demandé par les banques est en moyenne de 42 000€. L'enjeu est de calculer le potentiel retour sur investissement du franchisé sur les 42 000€ injectés dans l'affaire à son lancement. À noter que certaines franchises demandent très peu d'investissement initial, notamment dans le service BtoB.

Typologie de revenus
Dans ses nouvelles fonctions de dirigeant actionnaire, le franchisé dispose de nombreuses possibilités pour percevoir son revenu, qu'il arbitre lui-même en tant que dirigeant :
• Revenu direct : le salaire que le franchisé s'octroie, ainsi que les dividendes qu'il se reverse.
• Revenu indirect : les plans d'épargne dans son entreprise, de cotisation retraite ou d'avantages en nature.
• Capitalisation : la valeur de revente de son entreprise.

Revenu direct
Versée en salaire et en dividende, cette forme de rémunération est la plus simple à appréhender car elle est inscrite explicitement dans le bilan comptable du franchisé. En général, la rémunération salariée du franchisé correspond à la couverture de ses besoins courants, et les dividendes sont distribuées ou mises en réserve chaque année. L'analyse de ces seuls chiffres, sur la base du bilan comptable du franchisé, donne une lisibilité très relative de la rentabilité d'un concept : les salaires et dividendes étant significativement taxés, le chef d'entreprise franchisé a tendance, avec l'aide de son comptable, à limiter ces montants en fonction de ses objectifs patrimoniaux personnels.

Revenu indirect
Ce revenu est construit de manière spécifique par chaque chef d'entreprise. Il regroupe principalement les avantages sociaux que peut mettre en place le franchiseur (retraite, mutuelle, placement), les choix de fonctionnement (véhicule, équipement, déplacement) mais aussi des arbitrages plus structurants, réalisés à discrétion (investissement immobilier, emploi d'un conjoint, etc.) Le franchiseur ne peut s'immiscer dans la gestion d'un entrepreneur franchisé : il n'a pas vocation à contrôler les comptes de son franchisé mais simplement à s'assurer du respect des dispositions du contrat.

Capitalisation
Dans le cas de la revente de son entreprise, le franchisé se constitue la plupart du temps un patrimoine professionnel. Il existe des ratios de valorisation permettant d'évaluer la valeur d'une entreprise à partir de son chiffre d'affaires ou de son EBE. Dans certains secteurs, comme la restauration et la coiffure, ces ratios de valorisation sont normés, reconnus et disponibles sur Internet. Un expert-comptable peut fournir, à défaut, une évaluation de la valorisation à la revente. Pour évaluer le montant de son enrichissement annuel, le franchisé peut effectuer le calcul suivant : mesurer la valeur totale à la revente de son unité franchisée en année 7, puis diviser par 7 ce montant de revente afin d'en obtenir une évaluation annuelle. Cette durée de 7 ans correspond à la durée maximale constatée d'un crédit professionnel en France.

Stratégies variées
Si certaines franchises sont propices à la capitalisation sur un fonds de commerce, elles peuvent dégager une rentabilité annuelle limitée, comme c'est le cas pour les commerces de détail alimentaire spécialisés (vin, chocolat ou épicerie fine). À l'inverse, d'autres modèles économiques en franchise reposent sur la rentabilité de l'activité, comme le courtage en financement ou le diagnostic immobilier, en particulier lorsqu'il est effectué sans salarié. La valorisation à la revente du fonds de commerce est alors plus faible voire inexistante, mais les revenus sont très conséquents au regard de l'investissement. Pour être efficace, le franchiseur doit déterminer avec précision ses profils cibles et comprendre ses attentes. Sur cette base, chaque franchiseur va concevoir et mettre au point un modèle qui correspond à son activité, à sa vision et à ses centres de profit.

A0 = R3

Cette méthode permet d'évaluer l'attractivité financière du modèle de performance cible proposée au franchisé.
• A0 = apport du franchisé au financement de l'investissement initial. En général, il s'agit de 35% du montant total de l'investissement ;
• R3 = revenu direct en année 3 (salaire, dividendes, etc.) + revenu indirect en année 3 (cotisation retraite, avantage en natures, frais, etc.) + revenu de la capitalisation ((revente du Fond de commerce) / 7 années).
Le R3 en année 3 doit être au moins égal à l'apport en année 0. Dans la pratique, il est souvent supérieur. Plus la somme des 3 revenus est élevée au regard de l'apport personnel initial, plus le concept est a priori rentable pour le franchisé.

Combien la franchise rapporte-t-elle au franchiseur ?

Le modèle économique du franchiseur est conçu à la fois pour pérenniser le projet d'entreprise du franchiseur et pour fournir un service de qualité aux membres du réseau. Chaque service doit être rentable pour le franchisé, notamment au travers des économies d'échelle réalisées et de l'hyperspécialisation du service.

La franchise s'apparente à une division du travail avec d'un côté, le franchiseur qui pilote les aspects stratégiques (marque, savoir-faire, modèle de référence et stratégie de développement du concept) et de l'autre, le franchisé qui gère les aspects opérationnels (vente, gestion de son unité, management de son équipe et aspects de l'exploitation). Lorsqu'un entrepreneur devient franchiseur, il utilise un ou plusieurs des 5 centres de profit du franchiseur pour construire son propre Excédent Brut d'Exploitation (EBE).

Utilisation de la marque
La franchise consiste à mettre à disposition une marque, même lorsqu'elle n'est pas connue, en échange du versement d'un droit d'entrée et d'une redevance d'utilisation, dite licence de marque. Souvent mise en avant dans la comparaison entre enseignes, le droit d'entrée est en réalité un élément plus marketing que financier.

Historiquement, le droit d'entrée est considéré comme valorisant pour l'enseigne, bien que certaines l'aient totalement supprimé au profit notamment d'une clause exclusive d'approvisionnement. Il est recommandé de raisonner plutôt en « package d'entrée », intégrant l'ensemble des services de la marque facturée jusqu'à l'ouverture, plutôt qu'en seul droit d'entrée. Dans tous les cas, un réseau a les plus grandes difficultés à se développer s'il ne prévoit pas la perception d'une somme d'argent à l'entrée pour financer son propre développement.

Mise à disposition d'un savoir-faire
La mise à disposition du savoir-faire au franchisé n'est pas une vente mais une location. Si le savoir-faire est transmis au franchisé, ce n'est pas pour qu'il en devienne le propriétaire mais l'utilisateur. Matérialisée par l'assistance au réseau, cette mise à disposition est opérée à travers la formation initiale et la formation continue. La mise en place d'un budget dédié à la formation – que ce soit à l'entrée dans le réseau ou tout au long du contrat sous forme d'une redevance – concrétise les éléments apportés par la tête de réseau. L'échelle de valeur de la facturation d'une formation initiale se situe en général entre 150€ et 500€ par journée et par collaborateur.

Le e-learning est un bon moyen d'offrir des formations à ses franchisés. Cette solution s'avère encore plus efficace lorsqu'elle est proposée en complément d'autres modes de formation continue, notamment en présentiel. C'est ce que l'on appelle le Blended. Il existe en France des solutions qui permettent de financer le centre de formation de l'enseigne grâce aux budgets publics, gérés par les Opérateurs de compétences (OPCO).

Services au réseau
Les services au réseau font référence à :
• Les centrales d'achat, de référencement, de service, de vente, de production ;
• L'assistance au montage du projet, c'est-à-dire l'ensemble des prestations du franchiseur facturées jusqu'à la date d'ouverture ;
• L'assistance au franchisé à partir de son ouverture, matérialisé par l'animation de réseau : visite, audit, bilan, réunion, commission, proposition de plan d'action.

On trouve de nombreux autres services qui peuvent faire l'objet d'une rémunération, notamment en matière de sous-traitance :

- Leasing du matériel d'exploitation ;
- Services d'aménagement du local ;
- Maître d'œuvre – suivi du gros œuvre ;
- Market place (gestion des appels d'offre par exemple) ;
- Site de vente en ligne ;
- Call center ;
- Sourcing de candidats collaborateur du franchisé (annonces) ;
- Test des collaborateurs (pré qualification) ;
- Service d'assistance Juridique.

Le fait de se rémunérer à travers la centrale d'achat par le biais d'une marge peut permettre de réduire les redevances, voire de les supprimer, en les rendant moins tangibles aux yeux des franchisés. En ce qui concerne la vente en ligne, un exemple de bonne pratique peut concerner ces réseaux qui reversent le chiffre réalisé au franchisé de la zone dans lequel le client se rend en magasin le cas échéant. Ainsi, le franchisé peut être rétribué pour son travail de promotion local du concept.

Système d'information
Lorsque le franchiseur a développé son propre système d'exploitation ou qu'il paramètre un logiciel du marché, il y inclut naturellement ses meilleures pratiques. Le logiciel s'impose alors comme un complément du manuel opératoire et peut même, dans certains cas, s'y substituer. Au-delà du logiciel métier, la relation client, en partie digitalisée, génère aujourd'hui des datas qu'il appartient au franchiseur de collecter, d'organiser et de restituer pour piloter la performance du réseau, par exemple avec le support d'un logiciel de Business Intelligence qui fournit à chaque membre du réseau les tableaux de bord dont il a besoin au quotidien. Le franchiseur peut monétiser des licences sous licences, un pourcentage des flux financier encaissés par les logiciels et des services supports du système d'information utilisé dans le réseau. À l'origine d'une amélioration de l'infrastructure logicielle du réseau, ces recettes permettent d'augmenter la maîtrise du concept, la performance de ceux qui l'exploite et la qualité du pilotage du franchiseur.

Communication
Dans un monde digitalisé, la communication est une expertise clé et l'exploitation d'une redevance de communication nationale, une véritable source de profit (dès lors que le périmètre d'action de l'enseigne est

parfaitement défini). Aujourd'hui, c'est plutôt le marketing local qui s'impose comme un enjeu crucial des réseaux : il n'est possible d'actionner du marketing local digital qu'en s'appuyant sur des outils structurants mis au point par le franchiseur. Il peut s'agir de logiciels qui gèrent les publications sur les réseaux sociaux, la modération, l'achat de publicité ciblée localement, etc.

Ces services sont autant de centres de profit pour le franchiseur, alors que le franchisé, en retour, bénéficie d'une qualité de prestation à un coût qui ne pourrait être atteint par un prestataire ne bénéficiant pas de l'effet d'échelle du réseau. En conjuguant ces différents centres de profit, le franchiseur crée une combinaison unique : son modèle économique. Sur cette base, le franchiseur peut calculer le revenu annuel de chaque franchisé pendant toute la durée du contrat.

Centrale d'achats

Le franchiseur peut imposer au franchisé une centrale d'achats avec des produits agréés par la marque ou bien une centrale de référencement (répertoire des centrales qui stockent et expédient). L'avantage d'une telle pratique est de garantir le meilleur prix pour tous. C'est sain et profitable. Le franchiseur est aussi dans son droit s'il souhaite suggérer un réapprovisionnement automatique des produits. À charge ensuite au franchisé d'en paramétrer l'automatisation, dans le cadre de la programmation du logiciel.

À noter qu'une centrale d'achats, au-delà des biens matériels, peut également abriter des antennes qui délivrent une prestation. Typiquement, dans le service à la personne, le franchisé profite d'une centrale qui l'aide à absorber la gestion RH du personnel pour se concentrer uniquement sur la partie opérationnelle.

Avis d'experts

Laurent Delafontaine. « Calculer un droit d'entrée et des redevances en franchise »
Très souvent, un calcul de droit d'entrée se fait par simple benchmark de la concurrence. Or, cette logique est source d'erreurs importantes pour l'avenir de la franchise. À titre d'exemple, je pense à cette jeune enseigne de coffee shop qui alignait ses redevances sur son concurrent en omettant de relever que si ce concurrent avait de faibles redevances, c'est parce qu'il margeait sur l'approvisionnement exclusif en café de ses franchisés !

Le benchmark des concurrents doit relever les avantages exclusifs de chacun tels qu'une usine en propre, une plate-forme logistique ou un call-center et pouvoir comparer ces avantages avec l'enseigne. Si le concept est unique, innovant ou qu'il bénéficie d'une forte notoriété, le droit d'entrée sera supérieur à la norme sectorielle. En parallèle, il est important de calculer le coût d'acquisition, de formation et d'accompagnement des franchisés à l'ouverture de leur point de vente. Et aussi, la capacité d'accueillir des franchisés sur un territoire, sans risque de cannibalisation entre eux. Moins de franchisés sont installés, plus le droit d'entrée est élevé, car ils bénéficient d'une vaste zone pour exploiter le concept.

Il s'agit également de veiller à positionner le droit d'entrée en fonction du budget prévisionnel d'un franchisé : s'il représente la moitié des investissements du projet de franchise, cela risque d'être difficile de convaincre les candidats et les banquiers. Par expérience, j'ai noté qu'il n'est pas anormal pour le franchiseur d'enregistrer une légère perte sur les droits d'entrée des premiers candidats en ce sens où le rapport « investissements/droit d'entrée » finit par s'équilibrer à moyen terme.

Concernant les redevances, si le concept est rare ou la marque commerciale reconnue, positionner une forte redevance s'impose comme un acte légitime si tant est que les coûts d'animation du réseau sont bien estimés (nombre d'animateurs, réunions régionales, Convention annuelle, intégration de logiciels, etc.) Ces investissements dépendent de la volonté d'être plus ou moins innovant pour le réseau. Mais globalement, ces coûts d'animation doivent être couverts par la redevance d'enseigne. Et cette dernière doit laisser à long terme une marge intéressante car plus les franchisés sont nombreux, plus les coûts sont écrasés.

Une fois encore, il n'est pas question d'imposer un niveau de redevance qui fragiliserait le budget prévisionnel des partenaires. Le modèle économique du concept doit permettre à chacun d'être satisfait de la performance financière de son investissement.

Pour conclure, il existe d'autres revenus pour le franchiseur et il existe d'autres choix pour décider du montant des droits d'entrée et des redevances : la vitesse de maillage du territoire, la valeur de revente du réseau à terme et l'importance de la masse salariale de la tête de réseau sont autant de points (non exhaustifs) qu'il faut savoir anticiper. Dans tous les cas, le franchiseur doit se rémunérer pour pouvoir assurer ses obligations et un candidat sait que ce qui ne coûte rien ne vaut rien !

Julien Siouffi. « Du franchiseur par opportunité au franchiseur structuré. »
Le succès brille et attire. Lorsqu'un franchiseur rencontre le succès, il arrive bien souvent que des amis, des clients, des membres de la famille ou des relations indirectes le sollicitent pour dupliquer son concept. La franchise part souvent de là : d'une opportunité mise en œuvre par un entrepreneur solitaire.

D'ordinaire, le droit d'entrée est évalué en fonction de ce qui se fait au sein des autres concepts, tout comme une redevance. Un avocat – rarement expert métier – est sollicité pour rédiger un contrat sommaire, à petit budget. Si le principe de démarrer en franchise en suivant la traction du marché est vertueux, cette démarche très informelle se heurte souvent à un manque de cadrage. Le contrat initial étant assez flou, les malentendus peuvent vite s'accumuler, et le franchiseur se retrouver confronté à un manque structurel de moyen : il devient un franchiseur pauvre, sans moyens d'action, à la merci des franchisés, eux-mêmes frustrés.

Dans une telle situation, il est plus pragmatique de considérer ses premiers franchisés pour ce qu'ils sont : des tests. Ils acquièrent un statut privilégié de pionniers et ne voient pas leur cadre remis en cause. Fort de cette expérience, le franchiseur peut structurer son savoir-faire, planifier son référentiel chiffré et affiner son concept, pour améliorer sa proposition à de nouveaux franchisés, dont la relation sera cadrée, rentable et pérenne.

Hubert Bensoussan. « Le casse-tête du prévisionnel »
Tout candidat à la franchise souhaite être informé de la rentabilité du concept ; c'est parfois l'une des premières questions qu'il pose. La réponse est délicate sur plusieurs aspects.

Le prévisionnel ne peut être qu'aléatoire
- Même s'ils sont qualitatifs, les candidats au réseau peuvent être très différents. Certains sont plus orientés technique, métier, d'autres, communication ; d'autres, administratif, d'autres encore formation ou pédagogie. Certains sont plus riches que d'autres, etc. Il résulte de ces disparités de profils, des différences parfois importantes dans les résultats des points de vente. Il s'ensuit une évidente difficulté à prévoir précisément les résultats des points de vente ;
- Le franchisé en échec a du mal à admettre sa responsabilité. Il essaiera souvent de la reporter sur le chef de réseau. Or la transmission par le franchiseur d'un prévisionnel dont les chiffres n'auront pas été atteints pendant l'exécution du contrat de franchise peut permettre au franchisé de récupérer tout ou partie de ses pertes, si le chef de réseau n'a pas été prudent.

Le juge peut être cinglant à l'encontre de ce dernier, notamment si les bases de calcul qu'il a utilisées sont erronées. Il peut prononcer la nullité du contrat aux torts du franchiseur pour vice du consentement et le condamner à d'importants dommages intérêts au bénéfice du franchisé. Certes les décisions de condamnation sont rares aujourd'hui, mais c'est en raison des précautions (ci-après) que prend désormais un nombre grandissant de franchiseurs.

Le droit du prévisionnel
- La loi n'impose nullement la rédaction par le chef de réseau d'un budget prévisionnel ;
- Le juge rappelle désormais régulièrement que le franchiseur n'a pas l'obligation de remettre un compte d'exploitation prévisionnel ;
- Au contraire, une jurisprudence désormais régulière oblige tout candidat à un réseau à réaliser, avant le démarrage de son activité, une étude d'implantation précise lui permettant d'apprécier les

risques de sa future exploitation. Celle-ci comprend notamment un compte d'exploitation prévisionnel propre au fonds qui va être exploité ; adapté aux spécificités de la zone de chalandise concernée.

Les précautions
• Ne serait-ce que pour préserver l'indépendance des franchisés, le franchiseur ne doit jamais rédiger un prévisionnel à leur intention ;
• Le franchiseur peut transmettre des chiffres type à la condition d'être en mesure de justifier de leur calcul en fonction des points de vente existants. Le cas échéant, il doit systématiquement utiliser les chiffres précis atteints au sein du réseau et rappeler par écrit qu'en aucun cas cela constitue une obligation de résultat ;
• Le chef de réseau ne doit pas non plus « valider » un prévisionnel du franchisé.

Tout ceci n'empêche pas les experts-comptables des parties de se mettre en rapport, pour une information la plus large possible, sur les chiffres du réseau.

ÉTAPE 3. LE PLAN D'ACTION DU DÉVELOPPEMENT

Présentation

De la vision à l'action

Le Plan d'Action du Développement vise à répondre à 3 questions clés du franchiseur :

- Qu'est-ce que j'ai ?
- Qu'est-ce que je veux ?
- Comment y parvenir ?

La construction du Plan d'Action du Développement s'articule en 6 étapes :

- L'inventaire de l'existant : vision des dirigeants, savoir-faire, marque, pilote, expertises, ressources internes et externes, etc. ;
- L'analyse de l'existant : modélisation économique du franchisé, du franchiseur, évaluation du pourcentage de savoir-faire formalisé, conformité juridique au développement en réseau, formalisation des ambitions du franchiseur, évaluation du pourcentage de savoir-faire formalisé, conformité juridique au développement en réseau, formalisation des ambitions du réseau ;
- La détermination de l'objectif du développement du réseau : nombre d'unités visées, profilage des candidats, bénéfices franchisés ;
- Le prévisionnel financier du projet, qui modélise les 5 centres de profit du franchiseur, ses coûts, ses investissements et sa rentabilité prévisionnelle ;
- La création de la feuille de route du réseau : qui fait quoi, quand et comment ?
- Les priorités opérationnelles : il s'agit d'actions que le futur franchiseur doit mettre en place pour être prêt à se développer en réseau.

Le Plan d'Action du Développement donne vie à la vision du futur franchiseur. C'est l'outil de référence de la stratégie de développement en réseau du concept. Pendant cette phase, le franchiseur s'interroge sur 3 sujets principaux :

- Quelle est la place du réseau de franchise dans le développement de l'entreprise ?
- Quelles sont les fonctions que la tête de réseau souhaite internaliser pour en faire son cœur de compétences ?

• Quelles sont les ambitions chiffrées du réseau en termes de nombre d'unités franchisées ?

La franchise est avant tout une aventure humaine, qui repose sur des moyens et une organisation définie par la vision du dirigeant, formalisée dans le Plan d'Action du Développement.

Points de repères

Calculer votre objectif de développement

Dès lors que le franchiseur a déterminé le revenu à obtenir de chaque franchisé, il peut bâtir son propre prévisionnel financier. En général construit sur 3 ans, ce prévisionnel prévoit une hypothèse de développement, c'est-à-dire un objectif de recrutement. L'objectif de recrutement varie en fonction des secteurs, des profils, des moyens du franchiseur et de la vision de son futur réseau.

Par exemple, le franchiseur peut viser un objectif de 1-2-3 (1 ouverture en première année, 2 en seconde année, 3 en 3ième année) pour croître de manière progressive et prendre le temps d'apprendre son métier de franchiseur. Il peut également viser une croissance plus rapide de type 1-3-7, soit 11 unités en 3 ans. Certains franchiseurs placent d'office leur ambition à un niveau plus élevé, avec des schémas de type 5-10-15, voire 10-20-30. Cet objectif va être déterminant dans l'infrastructure à mettre en place pour développer le réseau : on ne conçoit pas la même organisation et les mêmes investissements en fonction de la taille du réseau visée.

Un réseau de franchise dont le développement est stable signe en moyenne une dizaine de contrats par an (incluant les ouvertures multi-sites), ce qui correspond à la moyenne des objectifs d'un développeur de réseau. Les disparités peuvent être considérables en fonction du type d'unités franchisées, de l'investissement initial, et notamment de l'importance de l'immobilier commercial dans le concept.

Atteindre votre objectif de développement

Le développement d'un réseau de franchise est une activité commerciale en BtoB qui répond à une méthodologie de vente classique basée sur les ratios d'acquisition de prospects (candidats) et de conversion de ces prospects en clients (franchisés).

Efficacité de la page franchise : 49
Chaque page web destinée à générer des contacts se caractérise par le rapport entre le nombre de visites et le nombre de contacts produits. Ce rapport se nomme le taux de conversion de la page. Pour une page proposant une offre de franchise intégrant un formulaire de prise de

contact, un ratio de 1 demande d'informations pour 49 visiteurs est une base satisfaisante, même si ce ratio peut largement être optimisé.

Qualification des candidats : 7
Une demande d'information provenant d'un potentiel candidat doit répondre aux critères de sélection de l'enseigne pour être satisfaisante. On peut estimer qu'un candidat est qualifié à partir du moment où le franchiseur souhaite poursuivre la relation après un premier contact téléphonique. La proposition couramment observée est de un candidat qualifié pour 7 demandes d'information. Cette proportion varie en fonction de la pertinence des supports média utilisés, du niveau de sélectivité de l'enseigne et du potentiel d'attraction du concept.

Taux de conversion en franchise : 7
Le développement en franchise peut être assimilé à une vente sélective dans un secteur règlementé. Chaque partie se choisit en respectant le cadre posé par l'article L.330.3 (loi Doubin) et, pour les acteurs les plus sérieux, par le code de déontologie de la Fédération Française de la Franchise. Si la pratique du développement impose d'écarter les candidatures jugées peu pertinentes, il s'agit à l'inverse de réussir à capter les candidats prometteurs. La base de référence du développement repose sur 49 demandes d'informations, obtenues avec 2 401 visiteurs de la page de recrutement, pour 7 candidatures qualifiées, qui correspondent à une signature.

Ce ratio dépend de l'efficacité du développeur, de la sélectivité de l'enseigne et de la fluidité du process de recrutement. S'il n'existe pas de statistiques standards des performances du développement et que celles-ci sont de toute façon peu utiles compte tenu de la diversité des configurations, l'utilisation de points de repères reste indispensable pour tous les franchiseurs recherchant leur développement.

Prévisionnel d'investissement du franchiseur
Ce prévisionnel financier permet au franchiseur de synchroniser ses investissements avec les rentrées financières issues de son activité commerciale. Les investissements se décomposent en 2 parties distinctes :
  • Les investissements en infrastructure : outils dont le franchiseur a besoin pour développer son réseau tels que le manuel opératoire du

franchiseur, du franchisé et les contrats ;
• Les investissements opérationnels : moyens humains et matériels pour traiter les demandes des franchisés à chaque étape de leur cycle de vie, du premier contact à la sortie du réseau.

Concernant les charges, elles concernent principalement les salaires, notamment sur 2 fonctions clés :
• Le développeur de réseau, qui est le « commercial du concept », dont la rémunération varie de 30 à 60K par an ;
• L'animateur de réseau, qui fait souvent office de formateur dans les débuts du réseau, dont le salaire est de 30 à 40K, avec des frais de déplacement significatifs.

Si beaucoup de réseaux commencent leur activité sous la responsabilité d'un chef de projet qui joue l'ensemble des rôles, celui-ci se structure à terme autour des 5 fonctions du franchiseur : directeur du concept, développeur, formateur, animateur et responsable de la communication. Idéalement, la masse salariale du réseau ne dépasse pas 50% des recettes du franchiseur.

Calculer votre retour sur investissement
Au regard de ces investissements, il est indispensable de disposer de 2 données :
• Le coût d'acquisition d'un franchisé (8K à 12K en moyenne de budget marketing/franchisé) : il s'agit principalement des coûts humains liés au traitement de la demande d'information du futur franchisé ;
• La rentabilité du franchisé pour le franchiseur : celle-ci se déclenche à partir du premier versement du contrat de réservation.

À noter que le retour sur investissement du franchiseur démarre bien en amont de l'ouverture de l'unité par le franchisé. En l'occurrence, dès le premier versement d'un franchisé par la facturation des droits d'entrée (y compris sous forme d'acompte dans le contrat de réservation de zone), de la formation, des services au franchisé, de son système d'information puis, enfin, de sa communication.

Enfin, lors de l'établissement du prévisionnel financier du projet, il est important de prévoir le recrutement de franchisés et ses rentrées d'argent pour équilibrer le budget d'investissement du franchiseur.

L'équilibrage peut être atteint au bout de 12 à 24 mois et l'enveloppe financière nécessaire au lancement d'un réseau, elle, varier de 20 K à 100 K, en fonction de l'existant disponible dans le réseau.

Chiffres clés du développement

Pour établir la prévisibilité du développement, il s'agit de poser une série d'équations simples :
- Combien de candidats cibles sont-ils disponibles en ligne ?
- Combien coûte un visiteur de la page de recrutement ?
- Combien faut-il de visiteurs pour générer une demande d'information ?
- Combien de demandes d'information avant de disposer d'un candidat qualifié ?
- Combien de candidats qualifiés sont-ils nécessaires au recrutement d'un franchisé ?

Ces informations chiffrées peuvent être assemblées en une suite logique qui permet de calculer le coût des candidats et d'établir la prévisibilité du développement.

Avis d'experts

Hubert Bensoussan. « Pas de développement à tout prix ! »
Le développement, cœur de cible du franchiseur
Le développement est un signe de reconnaissance du franchiseur gagnant. Au- delà des parts de marché que le chef de réseau est heureux de capter d'autant plus vite que son concept est novateur, des royalties engendrées par la multiplication des franchisés et de son effet boule de neige, un développement substantiel satisfait l'ego du fondateur du réseau, ce qui en fait le cœur de cible du franchiseur. Il en résulte quelques pratiques déviantes à éviter.

Attention au casting initial
Un cabinet d'avocats spécialisé dans les systèmes de franchise sait parfaitement qu'avant la fin de la 3ième année d'exploitation du concept, il arrive fréquemment que le franchiseur ait à faire face à 1 ou 2 procès initiés par des franchisés défaillants qui cherchent un « coupable » pour supporter leurs pertes. Parfois, la défaillance est due à l'incompétence du franchiseur. Cela devient très rare du fait de la professionnalisation de plus en plus pointue des chefs de réseau qui se forment efficacement, grâce notamment à des conseils spécialisés et au rôle clé de la FFF, vigilante autant pour sanctionner les réseaux déviants que pour assurer des formations clés.

Mais fréquemment, l'enthousiasme inhérent au démarrage de la franchise ou l'inquiétude résultant du blocage temporaire du développement freine les ardeurs rigoristes du franchiseur sur le recrutement. Consciemment ou pas, il ferme un peu les yeux sur les critères non remplis par le franchisé ou les défauts qu'il constate. Le manque de rigueur dans le choix des franchisés est toujours regretté par le chef de réseau. Ses conséquences sont lourdes.

La toxicité d'un franchisé mal choisi
Inaptitude à respecter des règles définies, manque de sens commercial, mauvais management, sentiment de suprématie par rapport à l'équipe franchiseur, manque de trésorerie dès le démarrage, caractère irascible ou trop solitaire, la liste des inadéquations possibles d'un franchisé face au concept est longue. Les effets d'un mauvais casting sont dévastateurs.

Le franchisé, inefficient, devient toxique pour le franchiseur :
• Il n'est pas en adéquation avec le concept ; il en ternit l'image et chaque membre du réseau peut pâtir de cette dégradation ;
• En général, sa toxicité est active. Il n'hésite pas à claironner l'incompétence du franchiseur en lui attribuant son échec. Les réseaux sociaux peuvent constituer pour lui une belle tribune ;
• L'obligation d'information précontractuelle, étendue par le droit commun à tous éléments pouvant avoir une influence sur le consentement des entrants dans le réseau, oblige le franchiseur à informer les candidats aux territoires limitrophes du sien de son échec le cas échéant ;
• Un territoire défini est occupé par un franchisé qui ne l'exploite pas vraiment, en ouvrant grand la porte aux concurrents ;
• Les redevances de franchise étant en général proportionnelles au chiffre d'affaires, le franchiseur est peu rémunéré ;
• En cas d'échec définitif avec dépôt de bilan, l'enseigne du franchiseur est ternie au moins localement et les banques peuvent se montrer réticentes à financer les nouveaux candidats au réseau sur le plan national ;
• Le franchisé ou son mandataire judiciaire engageront souvent un procès contre le franchiseur sous des prétextes fallacieux (information précontractuelle déficiente, validation d'un prévisionnel gonflé, savoir-faire inefficace, non-respect de certaines obligations, etc.). Même si, bien défendu, le chef de réseau gagnera sans doute le procès, un tel contexte est nuisible au bon fonctionnement du réseau, avec beaucoup de temps perdu et un risque d'embrasement du réseau si la période est difficile dans l'activité.

Les précautions
• Définir des critères précis de recrutement ;
• Ne recruter les candidats au réseau que si ces critères sont remplis et après l'issue positive d'une table ronde réunissant le candidat, des membres de l'équipe du franchiseur et 1 ou 2 franchisés, en vue d'échanger librement sur le projet du candidat ;
• Insister contractuellement sur l'obligation de confidentialité et interdire impérativement aux parties au contrat de franchise d'informer quiconque autre qu'un auxiliaire de justice sur un quelconque grief résultant de la relation de franchise.

Julien Siouffi. « Stratégie de développement itérative ou planifiée ? »
Pour équilibrer l'investissement et la rentabilité attendue, le franchiseur a le choix entre 2 approches stratégiques :
• Produire l'ensemble des outils de cadrage du réseau avant de lancer la prospection de franchisé. Si cette technique de planification permet d'anticiper l'ensemble des aspects du métier de franchiseur, elle a pour défaut de retarder le lancement du réseau et l'encaissement de recette, en plus d'éloigner la tête de réseau de ses franchisés pionniers. Avec pour conséquence de ne pas créer les conditions de la co-construction de l'offre avec ses clients franchisés ;
• Produire les outils dont il a besoin au fil de l'avancée de sa relation avec les candidats à la franchise dans une logique itérative. Vertueuse, cette méthode agile permet un apprentissage conjoint du métier de franchiseur entre les équipes de la tête de réseau et les premiers franchisés pionniers, tout en contrôlant l'investissement (qui devient un besoin de fonds de roulement du réseau). L'offre de franchise et la cohérence du réseau s'en trouvent renforcées.

La mise en œuvre d'une stratégie itérative, par étape successives, permet au franchiseur d'apprendre son nouveau métier au fil de la relation tissée avec ses candidats et dans des conditions financières plus confortables. La méthode par planification est plus adaptée aux groupes et aux entreprises de grandes tailles, dont les enjeux stratégiques nécessitent une concertation à l'échelle de l'ensemble de la chaîne hiérarchique.

Laurent Delafontaine. « Moyens nécessaires à un développement en réseau »
Voici une liste d'actions et de documents nécessaires pour crédibiliser votre métier de franchiseur auprès de futurs partenaires :
• Une étude de marché récente comprenant les perspectives et permettant d'argumenter sur le potentiel du secteur ;
• Une zonification devant définir le nombre, la taille et le potentiel des zones franchisables, le mode d'attribution et les règles d'interactions entre ces zones ;
• L'argumentaire commercial des produits/services pour mettre en avant ses avantages concurrentiels, savoir traiter les objections et argumenter sur une grille de prix recommandés ;
• Le budget prévisionnel de l'activité d'un franchisé, qui prend en compte les différences avec une succursale. Celui de la tête de

réseau (franchiseur), qui ressort du calibrage des montants fixés pour le droit d'entrée, les redevances et les autres sources de revenus issus du réseau de partenaires. Mais aussi des dépenses inhérentes à la mise en place et à l'exploitation de ce nouveau réseau ;
• Les moyens de transmission du savoir-faire vers les futurs franchisés (plan de formation, d'accompagnement, etc.) et les process de mise à jour (intranet, RSE, etc.) ;
• L'organisation juridique en tenant compte de l'impact fiscal et de l'organisation humaine cible de la tête de réseau et les fiches de poste.
• Les ressources dédiées et les outils d'animation des partenaires, avec des arbitrages nécessaires pour les premières années ;
• Les procédures de recrutement des candidats, les documents liés et les éléments de validation interne ;
• Le plan media de sourcing des candidats et la documentation liée (plaquette, site web, dossier de presse) ;
• Les éléments marketing pour sécuriser l'utilisation du concept, en particulier la charte architecturale et le book des visuels publicitaires.
• Les éléments juridiques pour être conforme à la loi Doubin (document d'information précontractuel, contrat de franchise, etc.)

Cette liste peut paraître longue mais la franchise mérite une préparation, des ressources humaines et des moyens financiers adéquats. « On n'a rien sans rien » et le professionnalisme consacré à l'apprentissage de ce nouveau métier de franchiseur fait la différence dans son développement et sa réussite.

Acquisition client
L'acquisition client repose sur la communication déployée pour développer sa notoriété et sa clientèle. Au démarrage, le franchiseur peut proposer à ses franchisés un kit de communication au lancement (PLV/ ILV). Il peut également choisir d'offrir un service de gestion des réseaux sociaux en contrepartie d'une redevance, ou globaliser l'achat d'espace, notamment en ligne avec Add Words, ou le marketing de contenu (SEO) et répercuter les dépenses sous forme d'un pourcentage au réseau.

Check list de la préparation du projet de franchise

Modèle économique de la tête de réseau.
Plan de développement du réseau.
Business plan franchiseur et business plan partenaire.
Modèle de l'organisation du point de vente (le site pilote).
Accompagnement juridique (DIP, contrat de franchise, etc.).
Recrutement des franchisés (profil candidat, process, outils, etc.).
Élaboration du manuel opératoire.
Plans de formation des partenaires.
Animation du réseau (outils, procédures, etc.).
Outils de communication (offlilne et online).

ÉTAPE 4. LE MANUEL OPÉRATOIRE DU DÉVELOPPEMENT

Présentation

Guide de la vente de votre concept

Le manuel opératoire du développement synthétise l'ensemble des pratiques du développeur vis-à-vis des candidats à la franchise. Il s'articule autour d'un rétro-planning de signature qui débute dès le premier contact du candidat avec l'enseigne (en général via un formulaire) et se termine par le premier paiement issu de la signature du contrat définitif.

Il faut compter en moyenne 6 à 8 mois entre le premier contact et la conclusion du contrat. Ce délai peut être rallongé si le candidat est en train de quitter un emploi, si la recherche de l'emplacement s'avère difficile ou si la banque refuse le financement.

Le rétro-planning de signature du contrat est rythmé par 10 étapes à suivre pour préparer au mieux la signature :
1. Réception de la demande d'information.
2. Premier appel pour fixer un rendez-vous découverte.
3. Premier rendez-vous découverte.
4. Premier rendez-vous de présentation du concept.
5. Immersion dans une unité franchisé.
6. Remise du DIP
7. Signature du contrat de réservation de zone, avec le versement d'une somme d'argent.
8. Remise d'un guide de l'emplacement.
9. Remise d'un guide du financement.
10. Signature définitive du contrat avec le versement des premières sommes liées directement au contrat

Ces 10 étapes se scindent en 22 phases :
• Avant la signature du contrat de réservation : c'est de découverte pour le candidat, et de vente sélective dans un environnement règlementé pour le développeur ;
• Avant la signature du contrat définitif : c'est une phase d'assistance pré contractuelle, dans laquelle le développeur, et parfois l'équipe du franchiseur, assiste le franchisé dans la construction de son projet d'entreprenariat.

Le manuel opératoire du développement comprend l'ensemble des scripts, arguments et réponses aux objections du développeur de réseau, ainsi que ses supports marketing. Un point d'attention doit être porté à la connaissance de l'environnement juridique de la Franchise. Porté par son enthousiasme, le développeur peut rapidement outrepasser la règle de base du développement en franchise : le franchiseur est dans une obligation de moyens, pas de résultats.

La précision du manuel opératoire du développement conditionne largement la sécurité juridique du réseau.

Points de repères

Vente sélective dans un environnement règlementé

En franchise, la fonction commerciale présente au moins 2 singularités. D'une part, c'est une vente sélective où le candidat et l'enseigne se choisissent mutuellement. D'autre part, c'est un environnement règlementé qui repose sur la notion de consentement éclairé du candidat. Cette fonction se nomme parfois recrutement, tant elle se rapproche des processus d'embauche des entreprises. Le candidat à la franchise rejoint un réseau dont les valeurs lui correspondent et dans un univers métier qui l'attire. Il y a pourtant une différence fondamentale entre un salarié et un franchisé : un salarié est payé à la fin du mois alors qu'un franchisé paye pour faire partie d'un réseau.

Le métier de développeur de réseau est indissociable de la notion de sécurité juridique du franchiseur : il doit faire en sorte que le franchisé rejoigne le réseau en toute connaissance de cause. Qu'il s'agisse de présentation de chiffres, de perspectives ou de potentiel du concept, le développeur de réseau est toujours tenu à un devoir d'exactitude et de transparence. Si ses actions tendent à corrompre la vision que le candidat a du réseau, il expose l'enseigne à un recours ultérieur de la part du franchisé, qui peut obtenir le remboursement des sommes engagées et la réparation d'un éventuel préjudice.

Rôle et enjeux du développeur

Doté d'empathie, d'écoute et de force de persuasion, le développeur de réseau opère les tâches traditionnelles du commercial BtoB : il convertit des candidats au concept en les accompagnant à chaque étape du cycle de signature, jusqu'à la conclusion du contrat. Lorsqu'il ne prospecte pas, le développeur représente l'enseigne dans les salons professionnels et les évènements de la vie du réseau. Il joue un rôle clé dans la transmission des valeurs de l'enseigne et dans la construction du réseau de demain. C'est le premier contact du candidat avec l'enseigne. Il véhicule l'image, les valeurs et la qualité du concept.

La particularité de ce métier réside dans l'éthique nécessaire pour réussir : la vente ne doit pas se faire à tout prix mais avec une sélectivité exigeante. L'enjeu du développeur est de séduire le candidat et de le convaincre de rejoindre le réseau pour pouvoir se donner le choix de ne retenir que les meilleurs profils. La sélection finale des profils se fait en concertation avec le dirigeant du réseau, voire avec une instance collective : la commission d'admission. La négociation est peu présente dans le métier de développeur de réseau dans la mesure où le franchiseur transige rarement sur ses conditions financières, sauf pour les premiers franchisés, qui bénéficient souvent d'avantages indirects (zone prioritaire, possibilité d'ouvrir un second point de vente à des conditions privilégié, etc.)

Le métier de développeur évolue aujourd'hui au rythme de la technologie : premiers contacts via internet, organisation de visioconférences avec les candidats, animation de webinaires, dossiers en ligne et envoi des liens de signature électronique. Pour autant, le développeur garde un rôle profondément humain : celui d'un accoucheur de projet. C'est à ses côtés que le candidat prend la décision de s'engager dans un processus qui va impacter profondément son parcours professionnel.

Le profil des franchisés évolue également. Mieux informés, les candidats maîtrisent davantage les enjeux d'une création d'entreprise en franchise. Leurs demandes portent sur des points plus précis. Aussi est-il essentiel que le développeur soit capable de répondre aux questions portant sur les aspects contractuels et puisse disposer d'une connaissance approfondie du concept, du réseau et de l'environnement de la Franchise.

Intégrer un développeur de réseau
L'intégration du développeur de réseau se fait en 3 étapes : le cadrage du recrutement, la sourcing de candidatures et la sélection du profil. Recruter un développeur nécessite d'établir sa fiche de poste en cadrant l'expérience attendue, le secteur de prédilection visé, l'implantation géographique et la formation du candidat. Cette fiche de poste doit par ailleurs préciser les tâches du développeur, son objectif de développement et la rémunération afférente. Pour disposer de candidatures, une simple annonce sur Pôle Emploi, Indeed et APEC peut suffire. Cependant, une approche directe permettra d'optimiser la sélection de profils au plus près des attentes. Si le nombre de postulants s'avère insuffisant, il est conseillé de s'orienter vers la chasse dédiée, en utilisant par exemple LinkedIn.

Lors des entretiens de sélection, d'abord téléphoniques puis physiques, l'évaluation porte sur 2 axes : le savoir-faire et le savoir-être. Le savoir-être recherché s'articule autour d'une attitude positive, d'une élocution claire et d'une présentation soignée. Ambassadeur de l'enseigne, le développeur doit présenter une image alignée à celle de l'enseigne.

Le savoir-faire, quant à lui, se mesure à l'aune des résultats chiffrés obtenus par le développeur dans son précédent emploi. Si la réponse est claire et argumentée (avec indication du nombre de demandes reçues et du nombre de signatures annuelles), alors le métier est maîtrisé. Si les chiffres ne sont pas connus, c'est un mauvais signal. Le développeur de réseau doit être capable d'expliquer les principales étapes du recrutement d'un franchisé, de connaître les différents sourcing et de disposer de notion de sécurité juridique du franchiseur.

Enfin, une prise de référence auprès des anciens employeurs constitue toujours une sage précaution avant de concrétiser l'embauche.

Avis d'experts

Julien Siouffi. « Le développeur et les chiffres. »
Lorsque le franchiseur ne mentionne pas de chiffres de référence à son candidat à la franchise (sur les conseils d'un avocat qui redoute qu'une mauvaise utilisation des chiffres ne se retourne contre lui, par exemple), il se met en position délicate lors du recrutement des franchisés, en plus de mettre en danger sa sécurité juridique.

Lorsqu'il effectue son prévisionnel financier, le candidat va spontanément l'envoyer au franchiseur pour validation. Or, le franchiseur ne peut en aucun cas le valider car ça empiète sur l'indépendance du franchisé, en plus d'être interprété comme une garantie de réussite donnée au franchisé par le franchiseur, qui devra assumer son échec éventuel. Qui plus est, en l'absence de réponse, la responsabilité du franchiseur peut être engagée en cas de non-réalisation du prévisionnel. Le développeur de réseau se retrouve dans une situation impossible : il doit affirmer que la franchise produit une performance reproductible sans pouvoir l'énoncer, la prononcer ou l'indiquer. En général, ça se termine par un échange informel qui engage lourdement l'enseigne et qui peut avoir des conséquences des années après, en cas de litige.

Pour renforcer sa sécurité juridique, le franchiseur a donc intérêt à informer au plus vite son candidat des droits et devoirs du franchiseur comme du franchisé, et à évoquer de manière transparente les chiffres dont il dispose, en indiquant leur contexte et leur source, sans chercher à travestir la réalité.

CHAPITRE II

Recruter vos premiers franchisés

ÉTAPE 5. LA FORMATION DE VOS ÉQUIPES À LA FRANCHISE

Présentation

Le franchisé, un client pas comme les autres

Malgré une forte notoriété, la franchise reste mal connue. Elle est souvent assimilée par le grand public à une standardisation des enseignes de centres commerciaux. Son fonctionnement est abscons, d'autant qu'il n'existe pas de texte juridique définissant et règlementant la franchise. Autrement dit, un salarié d'une entreprise destinée à devenir franchiseur se doit d'être formé sur les fondamentaux de la relation franchisé/franchiseur afin d'être efficace au quotidien.

Cette formation comprend 5 notions essentielles :
- Le franchiseur a 5 métiers principaux : diriger, développer, former, animer, communiquer ;
- Le franchisé est un client : il achète la mise à disposition du concept pendant une période déterminée, en versant une contrepartie financière ;
- La franchise est un environnement juridiquement borné, dont la jurisprudence défini les grandes lignes de son fonctionnement ;
- La franchise est avant tout une aventure humaine : le franchisé rejoint un réseau dont il partage les valeurs, la vision et l'ambition, dans une logique de partenariat ;
- Le client final du concept est le client du franchisé : lorsqu'un client achète une prestation ou un produit au franchisé, il est juridiquement son client, et non celui du franchiseur.

Dans ses interactions avec les franchisés, le franchiseur a pour mission de former son personnel à ce nouveau métier pour s'assurer à la fois de la fluidité du fonctionnement du réseau et de sa sécurité juridique.

Points de repères

Faire respecter le contrat

La franchise est un commerce contractuel qui repose sur le contrat conclu entre le franchiseur et le franchisé. Il est indispensable d'expliquer le contrat à l'ensemble des collaborateurs du franchiseur. Au quotidien, ce sont eux qui seront chargés de sa bonne exécution.

Le contrat de franchise repose sur 3 éléments fondamentaux :
- La mise à disposition d'une marque : il s'agit des conditions dans lesquelles le franchisé peut utiliser la marque qui lui est temporairement concédé ;
- La mise à disposition d'un savoir-faire : il s'agit des pratiques secrètes, substantielles et formalisées qui forgent le savoir-faire de l'enseigne ;
- L'assistance au réseau : il s'agit de l'obligation de moyens du franchiseur pour assister le franchisé dans la réussite de la mise en exécution du concept.

Pour faire respecter efficacement le contrat, le franchiseur doit mettre au point un triple cadrage :
- Le référentiel des pratiques des franchisés, qui prend généralement la forme d'un manuel opératoire du franchisé ;
- Le référentiel des pratiques du franchiseur, qui prend la forme du manuel opératoire du franchiseur ;
- Le référentiel chiffré du réseau, qui reprend les principales métriques du concept, permettant d'assister le franchisé dans sa réussite.

La principale difficulté est relationnelle : le franchiseur doit réussir à assister le franchisé sans se substituer à lui.

Au cœur du contrat, 5 manuels opératoires

Pour que l'équipe du franchiseur respecte le contrat, celui-ci se dote de ses propres manuels opératoires. Il s'agit de process relatifs au fonctionnement interne qui visent à régir ses propres pratiques de franchiseur, afin de lui permettre d'assister au mieux ses franchisés. Ce savoir-franchiser se décline en 5 manuels opératoires du franchiseur, qui correspondent aux 5 domaines clés de la franchise.

Leurs objectifs ? Coordonner l'action de l'équipe, atteindre les objectifs de développement et assurer la fluidité de la relation avec le réseau. Le manuel opératoire du développeur est le premier manuel d'un ensemble qu'il constitue au fil de son développement. En voici le détail :

• Le manuel opératoire de la Direction de réseau formalise les choix stratégiques, les moyens mis en œuvre pour atteindre les objectifs et le pilotage du réseau. La réussite d'un réseau repose sur la qualité de sa stratégie et sur son pilotage au quotidien ;

• Le manuel opératoire du Développement indique les profils cibles du réseau, les argumentaires commerciaux et les parcours clients du candidat à la contractualisation de la relation.Le développement de réseau est avant tout une action commerciale : celle de la vente d'un projet professionnel à un entrepreneur indépendant, dans le respect de la sécurité juridique du franchiseur ;

• L'enjeu du manuel opératoire de la Formation est d'assurer la mise à disposition du savoir-faire à la personne concernée, au moment où il en besoin, sous un format pédagogique efficient. Notion clé de la réussite du réseau, la qualité de ce dispositif lui permet d'être effectivement appliqué dans les unités franchisées du réseau. Les principales formations sont la formation initiale du franchisé, la formation continue du réseau, et la formation d'intégration des nouveaux collaborateurs ;

• Avec le manuel opératoire de l'Animation, le franchiseur peut évaluer ses ratios de performance et élaborer un plan d'action pour les améliorer, assorti de la mise à disposition d'outils réseaux. Le point de vigilance de l'animation du réseau est l'ingérence : il est interdit juridiquement au franchiseur d'intervenir dans la gestion du point de vente franchisé, qui est l'attribut exclusif du franchisé. En outre, le manuel permet d'organiser la dimension humaine et relationnelle qui caractérise un réseau de franchise : visite, réunion régionale, convention nationale, temps fort de la vie du réseau ;

• L'enjeu du manuel opératoire de la Communication est triple : communication entre franchisé & franchiseur ; communication du franchisé sur sa zone de chalandise ; communication nationale du franchiseur, souvent multicanal. La révolution digitale impacte profondément les modes de communication en franchise, nécessitant une synchronisation très forte du franchisé et du franchiseur, afin d'assurer l'excellence de l'expérience client.

Objectifs des manuels opératoires

Direction de réseau
- Stratégie de développement
- Prévisionnel comptable & financier
- Organisation juridique
- Gestion RH de la tête de réseau
- SIdu réseau
- Stratégie immobilière
- Tableau de bord

Développement
- Profilage candidat
- Parcours candidats
- Guides à remettre au franchisé
- Outils du développeur
- Sourcing candidats
- Développement immobilier
- Sécurité juridique du développement
- Partenaires
- Tableau de bord du développement

Formation
- Objectifs
- Tableau de bord
- Formation initiale
- Formation continue
- Formation de professionnalisation
- Tableau de bord de la formation

Animation
- Plan d'Action Annuel du franchisé
- Psychologie du franchisé
- Organisation de l'animateur
- Lancement du franchisé
- Animation du réseau
- Plan d'Action Renforcé
- Instances de représentation
- Tableau de bord de l'animation

Communication
- Stratégie de communication
- Communication nationale
- Communication locale du franchisé
- Marketing du développement
- Tableau de bord de la communication
Plan d'Action Renforcé
Instances de représentation
Tableau de bord de l'animation

Avis d'experts

Julien Siouffi. « Le savoir-être, premier savoir-faire. »
En franchise, la réussite d'un réseau repose sur la juste adéquation entre le modèle proposé par le franchiseur et l'aspiration des candidats à rejoindre ce dernier. Il s'agit avant tout d'une rencontre humaine, à dimension émotionnelle. Le coup de cœur est consubstantiel à la franchise : le candidat se reconnaît dans un projet et résonne au contact des dirigeants. Même si le consentement éclairé guide le franchisé dans la conclusion du contrat, le contexte émotionnel reste prégnant dans la relation franchisé/franchiseur, en particulier lors du recrutement des premiers franchisés, qui s'investissent dans le réseau comme s'il était leur.

Sachant cela, le premier savoir-faire du franchiseur est un savoir-être : une approche, une attitude et des actions vont influer sur l'envie du franchisé à rejoindre le réseau. Dans le même temps, son devoir est d'assister le franchisé, c'est-à-dire de se positionner à ses côtés pour le conseiller et l'accompagner dans la mise en œuvre du concept.

Toute l'intelligence du métier de franchiseur réside dans ce subtil équilibre entre la qualité du lien relationnel avec le franchisé, la bienveillance du franchiseur à l'égard de son réseau, la capacité à faire respecter l'application du concept et le respect de l'autonomie d'entrepreneur du franchisé. Ce savoir-faire, qui relève d'un lâcher-prise vis-à-vis du franchisé, est l'objet principal de l'apprentissage du franchiseur : il doit apprendre à assister en gardant une juste distance. La confiance dont le franchisé témoigne en s'engageant auprès du franchiseur doit faire écho à la confiance du franchiseur en son franchisé, à qui il confie sa marque et son savoir-faire.

ÉTAPE 6. LE LANCEMENT DE VOS CAMPAGNES DE RECRUTEMENT

Présentation

Chasse digitale

Premier vecteur de candidatures à la franchise, le digital imprègne chaque étape de la relation candidat/franchiseur. La chasse de candidats relève avant tout d'une méthodologie éprouvée :
- Inventaire des habitudes digitales des profils cible ;
- Évaluation du gisement de profil cibles disponibles en ligne ;
- Répartition du gisement de candidats par média et support web ;
- Calcul du coût prévisionnel d'une visite et d'une demande d'information ;
- Formalisation de la stratégie de contenu éditorial ;
- Établissement des budgets d'achat d'espace publicitaire par média
- Test des campagnes ;
- Synchronisation des campagnes et de la publication decontenu ;
- Pilotage de la chasse digitale par tableau de bord.

Cette approche permet une innovation dans l'activité de franchiseur : la prévisibilité du développement. Il devient possible d'anticiper avec précision le nombre de candidatures ciblées et de calculer le prévisionnel de signature, dans le but d'harmoniser la chasse digitale avec l'atteinte des objectifs de développement du réseau.

Parcours candidats

Le parcours candidats comporte 5 étapes clés :
- L'attention : il s'agit de faire en sorte que le candidat identifie l'existence de la proposition de franchise ;
- L'intention : c'est l'étape par laquelle le candidat prend contact avec l'enseigne ;
- La conversion : le candidat est transformé en franchisé ;
- La fidélisation : le franchisé s'engage dans son réseau ;
- La prescription : le franchisé recommande directement ou indirectement la proposition de franchise de l'enseigne.
La maîtrise du parcours candidat permet au franchiseur d'accéder à la prévisibilité de son développement.

Points de repères

Marketing du développement

Pour réussir son développement en franchise, il est important pour l'enseigne de prendre le temps de définir le profil cible de ses candidats à la franchise. Cette stratégie lui permet de diriger ses actions de marketing du développement vers un segment précis de candidats. Cela apporte également d'excellents taux de conversion : en analysant sa cible, le franchiseur cible les profils au meilleur taux de conversion.

Le marketing du développemesnt regroupe l'ensemble des actions marketing dédiées à la relation franchisé/franchiseur. Lors du lancement d'un réseau, les enjeux sont principalement centrés sur l'acquisition de candidats à la franchise. Par la suite, le marketing du développement s'enrichit d'outils de communication internes. Au sein d'un réseau constitué d'indépendants, il est délicat de répliquer les mêmes outils que ceux du recrutement en CDI, car ils font implicitement référence au lien de subordination des destinataires vis-à-vis du siège de l'entreprise. En franchise, l'ensemble de la relation avec les franchisés est marquée par un environnement juridique spécifique, centré principalement sur l'autonomie du franchisé et l'interdiction du franchiseur à s'immiscer dans sa gestion.

Les outils marketing dédiés à l'acquisition de candidats sont principalement :
- La stratégie de recrutement, qui comprend le profilage du candidat, les objectifs et les moyens mis en œuvre.
- La page web de recrutement, avec une attention particulière portée au taux de conversion de visites en demandes d'information.
- Les médias web, qui incluent souvent les réseaux sociaux, au cœur des usages d'une majorité de profil de candidats.
- La charte éditoriale, qui donne le mode d'emploi de la production de contenus à destination des médias web (posts, articles, vidéos, etc.)
- Le plan média, qui indique les achats d'espace et les plaquettes remises au candidat.
- Le CRM et les outils informatiques du développeur
- La participation aux évènements dédiés au recrutement de candidats.

Ces outils sont synchronisés dans le rétro-planning précontractuel, qui a pour rôle d'indiquer les outils utilisés à chaque étape de la relation avec le candidat, de la captation marketing à la signature du contrat de franchise.

Appétences, compétences et valeurs

Le franchisé est sélectionné par un double processus. La qualification, qui permet de vérifier s'il répond aux critères financiers et aux disponibilités territoriales de l'enseigne, et la sélection, c'est-à-dire son adéquation avec l'appétence sectorielle, les compétences professionnelles et les valeurs du réseau. Véritable critère de recrutement du réseau, cette adéquation est déclinée puis évaluée sur la base d'une échelle de 1 à 5, au sein de la matrice ACV (Appétence Compétence Valeur). Dans un réseau existant, ce profil est déterminé en analysant les derniers candidats de qualité recrutés. Dans un réseau en devenir, il est déterminé en fonction de sa compatibilité potentielle avec les profils présents au sein de la tête de réseau.

La nature de la franchise rend le recrutement de profils adéquats bien plus complexe que l'embauche de salariés : il n'existe pas de période d'essai en franchise. Lorsqu'un franchisé rejoint le réseau, il s'engage sur plusieurs années. Pour réussir ce recrutement, le développeur de réseau doit se focaliser sur 3 points clés :

Appétence du candidat

Première question à se poser : à quelle aspiration profonde du candidat répond son concept ? Réalisation de soi, quête de sens, développement de relations interpersonnelles, projet sociétal, volonté d'apprendre, santé, affection, réalisation d'une passion, univers sectoriel... Ce point est essentiel dans le recrutement d'un nouveau franchisé : s'assurer qu'il est en phase avec le secteur d'activité (restauration, décoration, automobile, etc.) Cette connivence est un facteur clé de succès.

Compétences professionnelles

Quelles compétences sont-elles nécessaires à la réussite de son concept ? Le franchiseur doit établir un profil idéal de candidat et fixer un niveau de compétences professionnelles minimal dans chaque domaine pour exercer l'activité.

En l'occurrence, 4 compétences professionnelles constituent une base d'évaluation fiable :

- Commercial : qu'il soit question de vente passive (on reçoit des clients) ou de vente active (on prospecte des clients), les compétences commerciales sont souvent au cœur des qualités recherchées chez les franchisés. Dans certains concepts, notamment BtoB, il s'agit même de la compétence clé ;
- Gestion : le franchisé est un chef d'entreprise, le patron de son centre de profit, et la pérennité de son entreprise repose sur ses qualités de gestion. Dans certaines franchises, comme la distribution alimentaire, les qualités de gestion sont essentielles à la réussite du franchisé ;
- Management : le franchisé est souvent à la tête d'une équipe où il s'agit d'apprendre à faire faire. Dans la restauration par exemple, cette qualité est essentielle ;
- Qualités métiers : certains concepts requièrent des qualités professionnelles spécifiques, soit parce qu'ils sont règlementés (coiffure, immobilier, finance, etc.), soit parce que le franchiseur choisit de s'adresser à des profils disposant d'une expérience.

Ces différentes compétences peuvent être mesurées selon une échelle de 1 à 10. Cependant, il est nécessaire de garder à l'esprit que la réussite en franchise est avant tout liée au savoir-être du candidat et que le franchiseur peut transmettre des compétences à son franchisé dans le cadre de la formation initiale et continue du réseau.

Partage des valeurs du réseau
Quel est le socle de valeurs qui forge l'âme du réseau ? La réussite du développement en réseau repose sur la mise en partage du savoir-faire, du savoir-être ainsi qu'une vision commune du projet professionnel. Le franchiseur se doit de trouver des candidats capables de comprendre l'âme du réseau et d'en partager les valeurs : bienveillance, autonomie, famille, sécurité, prospérité, réussite, conformité, tradition, universalisme, hédonisme, stimulation...

Sécurité, performance et épanouissement
Le candidat à la franchise évalue la proposition du réseau en fonction de 3 critères clés : la performance, la sécurité et la passion. La performance traduit le niveau de récompense du franchisé par rapport à ses efforts.

Dans certains secteurs, notamment dans les secteurs de l'immobilier ou du courtage, la recherche de performance financière peut se révéler le facteur primordial, mais il est très rarement le seul critère de choix du franchisé. Concrètement, c'est un indicateur financier qui mesure le rapport entre l'apport personnel et les revenus directs, indirects et de capitalisation à 3 ans dans le modèle cible de performance du franchisé.

La sécurité est déterminée par l'ancienneté du réseau, le nombre d'unités, le recul sur les chiffres d'exploitation, la fiabilité du concept et l'expérience de l'enseigne. Elle est souvent apportée par des réseaux matures, présentant un modèle éprouvé, comme la distribution alimentaire ou la restauration rapide des géants mondiaux du secteur. Très régulièrement, le niveau de performance est plus faible dans les réseaux qui apportent une sécurité plus élevée.

La passion correspond au niveau d'adéquation du projet de vie du candidat avec son activité professionnelle et de l'épanouissement personnel qu'il est en mesure d'attendre. Dans des secteurs comme la santé, les fleurs, le sport ou la chocolaterie, ce critère est souvent déterminant dans le choix d'une enseigne, qui sera le vecteur de sa propre réalisation personnelle.

12 profils types de candidats

À ce jour, il est possible de dresser un panorama non exhaustif de 12 profils de candidats à la franchise. Pendant longtemps, le cadre en reconversion a tenu le rôle du candidat type à la franchise. Ce profil est pourtant plus complexe qu'il n'y paraît. Selon son secteur d'activité d'origine, son expérience, ses ambitions ou encore sa situation familiale, la typologie est amenée à varier. D'autres profils, moins fréquemment observés, sont amenés à devenir les leviers de croissance des réseaux de franchise à l'offre ciblée. Découvrez un panorama des 12 profils phares de candidats à la franchise.

Cadre cinquantenaire en reconversion

Accompli dans sa vie professionnelle comme dans sa vie personnelle, le cadre en reconversion cherche à se renouveler dans une activité épanouissante sans toutefois prendre de risques. Son ambition : s'orienter vers des réseaux encadrés dans lesquels il retrouve les codes du salariat qui lui sont familiers. En prévision de sa retraite, il cherche à assurer sa sécurité financière et n'engage qu'une partie minimale de son patrimoine.

Ce profil s'observe surtout dans les enseignes de restauration rapide qui arrivent à maturité.

Cadre trentenaire aux aspirations entrepreneuriales
Il s'agit d'un cadre qui cherche à devenir son propre patron en démarrant une aventure entrepreneuriale. Téméraire, il est prêt à prendre des risques pour trouver la voie qui lui correspond. On retrouve souvent ce type de profils pionniers dans les projets BtoB qui nécessitent une intense prospection commerciale.

Cadre de 45/55 ans souhaitant vivre sa passion en franchise
Ce profil fait référence aux cadres ayant choisi par le passé d'assurer leur sécurité financière, quitte à s'ennuyer dans leur métier. En fin de carrière, il souhaite prendre un nouveau virage, s'épanouir et réaliser leurs rêves. Ce profil se retrouve surtsout dans les métiers de passion tels que caviste, chocolatier ou encore fleuriste, où le désir d'épanouissement prime sur la rentabilité.

Salarié aguerri souhaitant mettre à profit son expertise du secteur
Expert de son secteur, ce profil exerce en général des professions commerciales : chef de projet, chef d'atelier chez un concessionnaire automobile, coiffeur ou esthéticien. À l'appui de son savoir-faire, il cherche à devenir son propre patron en se lançant dans une aventure entrepreneuriale. La franchise lui apporte un cadre sécurisé pour se lancer. Ce profil est souvent clivant. Là où certains franchiseurs le recherchent en priorité parmi leurs collaborateurs salariés, d'autres veulent à tout prix l'éviter.

Mère de famille qui reprend le travail dans un réseau
Ce profil correspond aux femmes ayant arrêté de travailler pour élever leurs enfants et désireuses de reprendre une activité professionnelle. Elles recherchent un emploi aux horaires flexibles, peu hiérarchisé et divertissant. On les retrouve souvent dans l'immobilier mandataire, où l'on observe de belles réussites.

Multi-franchisé à la recherche d'un nouveau concept
Gérant de plusieurs points de vente, le multi-franchisé sait déceler le potentiel d'un concept performant. Disposant à la fois de capacités financières et de capacités d'analyse de sa zone d'implantation, ce profil

est séduit par les enseignes de fitness ou de loisir, qui nécessitent peu de personnel et aucun stock.

Entrepreneur en quête d'un business complémentaire
En possession d'une activité florissante, ce profil est à la recherche d'une activité complémentaire : la franchise lui permet d'atteindre une meilleure profitabilité tout en mettant à profit sa base clients déjà acquise. On peut citer l'exemple d'un garagiste qui implante en parallèle de son activité une agence de location de voiture en franchise.

Client ambassadeur du concept de franchise
Les clients les plus fidèles de l'enseigne, véritables aficionados, peuvent devenir d'excellents franchisés. Ils connaissent et partagent déjà les valeurs de la marque. Toutefois, ils doivent être assez qualifiés et présenter une volumétrie suffisante pour devenir de véritables leviers de croissance pour l'enseigne. Ces profils sont intéressants dans les concepts différenciés (restauration vegan).

Famille et couple
Nombreux sont les réseaux impulsés par un projet de couple ou de famille. Dans ce cas précis, les valeurs relayées par l'enseigne sont rassurantes, fiables et souvent payantes.

Associés prêts pour l'aventure en franchise
Une fois encore, les concepts dans lesquels les franchiseurs ont fait le choix de s'associer (pour répondre à des raisons pratiques ou par volonté d'exercer à plusieurs) ont tendance à attirer des franchisés qui font les mêmes choix. Enthousiastes à l'idée de partager une aventure commune, ces profils s'associent pour démarrer leur activité.

Adepte qui fait de sa passion un métier franchisé
Ce profil fait référence à des passionnés qui souhaitent faire de leurs passe-temps un métier à part entière. Ce profil s'observe souvent dans les domaines du sport : moto, running, etc. Un mordu de cyclisme rêvera, par exemple, d'ouvrir une franchise de vélos pour vivre sa passion au quotidien.

Indépendant se greffant à un réseau existant
Il s'agit des magasins indépendants qui rejoignent un réseau de franchise

existant. Grâce au passage sous enseigne, l'entrepreneur indépendant bénéficie du rayonnement et de la notoriété de la marque, ainsi que de son savoir-faire spécifique. Cette stratégie concerne principalement des réseaux différenciés et attractifs, où l'exercice indépendant de la profession s'avère plus compliqué. La régulation règlementaire d'un secteur est également un vecteur de ralliement des indépendants à un réseau, pour une activité devenue difficile ou impossible à exercer seul.

Investisseur en franchise
Très spécifique, ce treizième profil ne représente pas un profil à part entière. Le système de franchise est marqué par un fort ancrage humain : la performance du réseau repose en grande partie sur l'investissement personnel des franchisés. C'est pourquoi peu d'enseignes recherche ce type de franchisé investisseur. Il se caractérise par son goût pour les chiffres. Ses intérêts économiques sont mécaniquement amenés à se confronter à ceux du franchiseur. Pour ces raisons, ce profil est à manier avec précaution.

Cette vue d'ensemble des 12 profils de franchisés met en exergue une condition indispensable de la réussite en réseau : l'adéquation entre le franchisé et son réseau. Cela permet de guider le marketing du développement pour cibler certains gisements de candidats et de faire progresser le taux de conversion des développeurs qui s'appuient sur une offre différenciée. À terme, c'est l'homogénéité du réseau et de l'expérience client qui sont en jeu. Si les modélisations mathématiques sont déclinables à l'infini et d'un secours précieux pour éclairer chaque étape de la croissance du réseau, elles n'ont qu'une fonction de point de repère pour permettre au franchiseur de se concentrer sur le plus important : sa relation avec le franchisé.

Les 12 bénéfices du franchisé

Prolonger sa carrière ou en prendre le contrôle.
Aligner sa vie professionnelle sur le rythme familial ou personnel.
Augmenter son revenu et bâtir un capital.
Construire un projet dont on est fier.
Se délivrer du système managérial pyramidal.
Travailler au cœur de sa passion.
Vivre une aventure commune avec un proche.
Réaliser une passion réprimée de longue date.
Sauver ou développer son entreprise, et rompre l'isolement.
Acquérir une nouvelle expertise métier.
Exploiter pleinement son potentiel professionnel.
Retrouver du sens à son existence.

Séduire, convaincre et rassurer

Comme pour les consommateurs, le parcours d'achat du candidat à la franchise s'est digitalisé et le premier contact s'effectue désormais en ligne. Le coup de cœur émotionnel du candidat à la franchise pour son futur réseau, indispensable à la conclusion du contrat, se prépare sur le web. Caractéristique de la franchise, la vente sélective dans un environnement réglementé se marie avec les impératifs du marketing du développement : séduire, convaincre, rassurer.

Séduire les profils correspondant aux candidats à la franchise en mettant en avant la promesse du réseau et ses bénéfices, mais aussi en jouant sur des mécaniques d'identification (« Vous êtes » ; « Vous recherchez », etc.) ; convaincre les profils correspondant aux candidats à la franchise grâce au concept et aux valeurs, mais aussi aux bénéfices franchisés différenciants (c'est-à-dire autre que « concept innovant », « marché porteur », et « assistance du réseau ») ; rassurer les profils correspondant aux candidats à la franchise en mettant en avant l'expertise du réseau à travers les visages qui le composent, des chiffres-clés non engageants pour la sécurité juridique du franchiseur et/ou des certifications obtenues par l'enseigne.

Dispositif digital d'acquisition

Une fois le profilage finalisé, 3 étapes rythment la construction du dispositif digital d'acquisition de franchisé :

- La page de recrutement de l'enseigne : orientée vers la performance, cette landing page vise à convertir les visiteurs en demande d'information. Sa conception est pensée pour mettre en avant la promesse de l'enseigne, favoriser le processus d'identification du candidat et le convaincre de passer le pas pour en savoir plus sur la proposition ;

• La construction du plan média : le plan média permet d'activer de la visibilité sur la page de recrutement en achetant de l'espace publicitaire sur les médias fréquentés par le profil cible ;

• Le pilotage des candidatures : le pilotage permet de disposer d'indicateurs chiffrés qui mesurent le coût d'acquisition d'une demande d'information, le coût d'acquisition d'un candidat qualifié et le coût d'acquisition d'un franchisé. En général, on considère qu'un candidat qualifié est un candidat avec lequel le développeur souhaite continuer à échanger après le premier contact téléphonique.

Paramétrage du CRM de suivi de la relation candidat

D'une importance clé pour le développeur, le CRM lui permet de travailler efficacement au quotidien, mais également de prévoir les ouvertures à venir et de repérer les sourcing de candidat les plus efficaces. Il comprend :

• Un parcours candidat qui reprend les principales étapes du rétroplanning précontractuel ;

• Un tagage des candidats qui identifie leur origine (page web, relationnel, prescription, annuaire, salons, etc.) ;

• Un tagage qui indique l'action de communication à l'origine du contact (campagne Google, Facebook, LinkedIn, etc.) ;

• Un suivi statistique du taux de conversion des demandes d'information en candidats qualifiés, et des candidats qualifiés en signature du contrat.

Il est préférable d'utiliser un CRM dès le début de la chasse digitale plutôt qu'un tableau Excel et de le connecter directement aux formulaires de contact.

Avis d'experts

Julien Siouffi. « Faut-il un franchisé issu du métier ? »
Les stratégies de développement en réseau répondent à des enjeux qui varient en fonction de l'expérience et de la personnalité du franchiseur. Ce dernier peut vouloir partager son concept avec des profils issus du métier ou bien, au contraire, initier des néophytes. Chaque stratégie a ses avantages et ses inconvénients.

Avantages
Les franchisés disposant d'une expérience métier présentent des garanties de réussite plus élevées que la moyenne des franchisés. Pour 3 raisons principales :
- Ils connaissent le métier et disposent de compétences spécifiques ;
- Ils sont souvent déjà établis, avec un réseau commercial qui leur permet d'atteindre plus rapidement les chiffres du référentiel réseau ;
- Ils maîtrisent la complexité réglementaire propre à leur secteur d'activité, comme la coiffure ou l'optique.

Inconvénients
Les franchisés disposant d'une expérience métier peuvent avoir développé des convictions qui mettent à mal leur épanouissement au sein du réseau :
- Ils n'acceptent pas toujours de remettre en cause leur propre savoir-faire pour intégrer la vision du franchiseur ;
- Ils ont du mal à abandonner leurs pratiques passées, ce qui rend délicat l'homogénéité du réseau ;
- Ils sont plus autonomes vis-à-vis du franchiseur dont la légitimité peut vite être remise en cause.

Julien Siouffi. Content is king?
«Content is king», disait Bill Gates en 1996, pressentant par-là l'importance du contenu sur le web. Vingt-cinq ans après, c'est un fait avéré : les marques qui créent du contenu multi-diffusable (réseaux sociaux, blogs, plateformes vidéo, newsletters, etc.) sont les plus puissantes. Dans cette logique, le franchiseur a intérêt à faire rayonner sa proposition de valeur auprès de ses profils cibles pour nourrir la réflexion du franchisé à chaque étape précontractuelle.

Le candidat s'intéresse à l'ensemble des communications de l'enseigne, avec un angle de vision qui peut évoluer. Il s'informe d'abord sur les aspects génériques de l'enseigne avant de rechercher des informations de plus en plus précises, en fonction des interactions qu'il développe avec le réseau. De plus, il est possible qu'il rencontre des périodes de moindre confiance dans l'enseigne : le contenu est alors un facteur puissant de réassurance.

L'enseigne formalise sa stratégie éditoriale dans une charte qui récapitule les formats (image, vidéo, texte, etc.), la fréquence de parution, le ton (familier ou distant), les supports utilisés, les consignes de modération et les thèmes récurrents. Cette charge est à la base du planning éditorial, idéalement planifié sur une période d'un trimestre.

Hubert Bensoussan. « Le CV du candidat à la franchise et la réciprocité de l'obligation d'information. »
Nous avons vu qu'il est essentiel de définir des critères objectifs et subjectifs de choix des candidats à la franchise. Il faut éviter de sombrer dans ce qui n'est qu'affectif ou de se laisser berner par des informations fallacieuses.

Une obligation d'information réciproque
Bien souvent, les candidats veulent à tout prix convaincre pour être admis au sein du réseau. Leur CV ne reflète pas toujours la réalité. La relation partenariale engendrée par le système ne peut souffrir d'un socle mensonger. Désormais l'obligation d'information précontractuelle vaut pour les 2 parties. Il existe en effet des textes dédiés à la charge du franchiseur, les articles L 330-3 et R 330-1du code de commerce. Mais le droit commun, avec la récente réforme du droit des contrats, exige désormais de toutes les parties signataires d'un contrat qu'elles informent les autres parties de tous éléments qui pourraient les dissuader de s'engager si elles en avaient connaissance.

En sollicitant une multitude de renseignements sur le candidat, un bon franchiseur connaitra rapidement son aptitude à exploiter son concept. Grâce à la vérification du CV, il saura si le candidat est transparent. De plus, en connaissant précisément le passé du candidat, le franchiseur pourra axer sa formation sur les matières peu connues du candidat tout en l'allégeant pour celles qu'il maîtrise.

Évitons les sources de vice du consentement

En cas d'échec du franchisé dans l'exploitation du concept, il est fréquent qu'il essaie de mettre en cause la responsabilité du franchiseur en invoquant un vice du consentement. Avec une bonne foi souvent discutable, le candidat en échec utilise le moyen pour essayer d'obtenir la nullité du contrat et des dommages intérêts. L'utilisation du CV et des renseignements exhaustifs et précis demandés au candidat à la franchise en amont, doit permettre d'éviter aux franchiseurs sérieux (la grande majorité aujourd'hui) de tomber dans ce piège.

En effet, un juge aura beaucoup de mal à considérer qu'un ancien responsable de banque ou un ancien D.A.F a vu son consentement vicié par les chiffres qui lui étaient présentés. La jurisprudence est désormais assez constante sur ce point. Plus la culture du candidat à la franchise est importante, plus il aura du mal à faire croire que son consentement a été vicié par le franchiseur. Il n'est pas dans notre propos de vouloir crier haro sur le franchisé ; il faut simplement savoir qu'une information réciproque la plus large possible protègera les parties sur les plans commercial et judiciaire le cas échéant. L'information précontractuelle réciproque favorise la pérennité de la relation de franchise.

Les précautions

- Le franchiseur ne doit pas hésiter à vérifier la réalité des éléments mentionnés dans le CV des candidats à la franchise ;
- Il doit établir une liste de renseignements exhaustifs à demander ;
- Il doit inciter les candidats à prendre eux-mêmes le plus de renseignements possibles sur le concept et sur le réseau et leur demander une synthèse écrite de leurs investigations et de leur ressenti ;
- Le franchiseur doit faire preuve d'une absolue transparence et exiger la réciprocité des candidats à son enseigne.

ÉTAPE 7. LE CONTRAT ET LE DIP

Présentation

Cahier des charges du contrat

La franchise est une forme d'organisation du commerce qui repose sur un lien établi entre le franchisé et le franchiseur : le contrat. Il n'existe quasiment aucune loi spécifique à la franchise et la franchise évolue dans un cadre juridique défini par les différents droits : droit des affaires, des sociétés, etc.

Compte tenu de l'abondante et changeante jurisprudence liée à la franchise, il est recommandé d'avoir recours à un avocat spécialisé dans la franchise au moment de la rédaction du contrat. Si le contrat n'est pas conforme, alors les sanctions pour le franchiseur peuvent s'avérer particulièrement lourdes : remboursement de l'ensemble des sommes perçues, versement de dommages, voire paiement de cotisations sociales du franchisé assimilé à un salaire déguisé.

Pour élaborer son contrat, le futur franchiseur rédige un cahier des charges dans lequel il récapitule l'ensemble des éléments de sa proposition au futur franchisé. Visant à arbitrer le choix du mode contractuel et à rédiger un contrat à la mesure exacte du modèle économique du réseau, ce cahier des charges comprend :
- Les éléments du territoire concédé ;
- Les obligations liées à l'aménagement du local ;
- Les caractéristiques d'exclusivité et de non-concurrence ;
- La formation initiale et l'aide au lancement ;
- L'animation du réseau ;
- Les logiciels ;
- Les éléments de communication et de marketing ;
- L'approvisionnement ;
- Le pilotage de la présence sur internet ;
- Les conditions financières ;
- La fin de contrat.

La loi Doubin

Les articles L330-3 et suivants du code du commerce règlementent les réseaux commerciaux qui organisent l'exclusivité ou quasi-exclusivité contractuelle autour de l'utilisation d'une marque. Ce texte, dit « Loi Doubin », voté en 1989 et appliqué depuis 1991, a permis d'organiser le secteur de la franchise, auparavant soumis à la seule bonne volonté des franchiseurs. Depuis lors, « toute personne qui met à la disposition d'une autre personne un nom commercial, une marque, une enseigne, en exigeant d'elle une exclusivité ou une quasi-exclusivité pour l'exercice de son activité, est tenue, préalablement à la signature de tout contrat conclu dans l'intérêt commun des 2 parties de fournir à l'autre partie un document donnant des informations sincères qui lui permette de s'engager en connaissance de cause ». Cette obligation de sincérité et de transparence a profondément modifié le secteur.

Points de repères

Au cœur de la démarche précontractuelle, le DIP

L'article L330-3 du code du commerce, dit loi Doubin, instaure l'obligation pour le franchiseur de communiquer des informations réunies au sein d'un Document d'Information Précontractuel au franchisé (DIP), à fournir 20 jours en amont de tout encaissement d'une somme d'argent. En pratique, le DIP est remis que lorsqu'il est probable que le candidat adhère au réseau (les informations fournies sont en partie confidentielles) ; et le DIP ne doit pas fausser la perception du candidat en prenant une forme publicitaire.

Au contraire, il doit comporter la liste des exigences de la loi sans aucun additif. À savoir :
- Les 2 derniers bilans du franchiseur ;
- Les informations permettant de juger de la santé financière et de l'expérience de l'enseigne ;
- L'état de marché national et local ;
- La liste complète des franchisés et leurs coordonnées ;
- Le nombre de contrats de franchise terminés l'année précédente de la délivrance du DIP et la raison ;
- La durée du contrat proposé, les conditions de renouvellement, de résiliation et de cession, ainsi qu'un modèle de contrat de franchise en annexe.

Désormais dématérialisé, le DIP est signé électroniquement afin de mieux contrôler les délais, la qualité et la précision des informations transmises, dont la conformité est déterminante pour la sécurité juridique du franchiseur. L'enjeu de cette démarche est que le candidat consente de manière éclairée au contrat final.

Contrats, une typologie variée

<u>Contrat de franchise</u>

Système le plus élaboré pour un développement en réseau, le contrat de franchise implique la mise à disposition d'un savoir-faire, d'une marque et une assistance permanente. Le tout, en contrepartie d'une rémunération.

Avantages

Le droit de la concurrence admet quelques restrictions de la part de la tête de réseau à l'égard des distributeurs, en présence d'un réel savoir-faire. Il en va ainsi de la clause de non-concurrence ou de la clause d'approvisionnement exclusif. Les autres systèmes dans un contrat de franchise ne peuvent en principe être associés à des pratiques restrictives de concurrence. Bien utilisé, le contrat de franchise est le système idéal à la fois en droit et en pratique. La distribution moderne exige un savoir-faire à tous les endroits.

Limites
Le contrat de franchise ne peut être utilisé pour des concepts efficaces mais sans expérimentation suffisante. D'autres contrats de distribution permettront de préparer un passage en sécurité vers la franchise.

Contrat de licence
Le contrat de licence de marque, appelé parfois « contrat de partenariat ou d'affiliation », implique pour la tête de réseau la mise à disposition de sa marque au profit d'un distributeur, le licencié.

Avantages
En plus de parfois plaire aux distributeurs, un partenariat peu formel sert souvent de tremplin à la franchise dans l'attente de profiter d'une expérimentation suffisante.

Limites
En l'absence de réglementation spécifique, la protection du distributeur est limitée. La tête de réseau n'est pas protégée du fait de l'absence d'obligations de respecter l'image de marque avec un savoir-faire. Contrairement à la franchise qui implique une garantie de savoir-faire, ce mode de distribution ne met pas en avant cette qualité, pourtant essentielle. Depuis quelques années, le système se limite le plus souvent à la phase d'apprentissage du concept.

En matière de distribution sélective, les distributeurs sont choisis en fonction de leur aptitude à commercialiser les produits de manière adéquate. Il n'y a pas d'enseigne commune ou de savoir-faire mais des critères objectifs permettant de justifier la sélection des commerçants pour la distribution des produits. Ces critères valorisent substantiellement le produit, tout en limitant l'accès à la distribution des produits.

Concession exclusive

Sous un régime de concession, le commerçant bénéficie de l'exclusivité de revente des produits de la marque concédée sur une zone géographique déterminée. Comme la franchise, la concession exclusive implique généralement une licence de marque et/ou d'enseigne, mais elle n'est pas obligatoire. L'exclusivité territoriale et/ou d'approvisionnement est un élément essentiel du système. Il n'y a pas d'obligation de transmission d'un savoir-faire. Et, lorsqu'un savoir-faire est transmis, il ne va pas au-delà des connaissances techniques sur les produits concédés.

Avantage
Le distributeur est rassuré car il dispose d'un territoire réservé.

Limite
Il est difficile de déterminer l'étendue du territoire réservé. Bien souvent, on constate a posteriori que le territoire concédé est trop grand.

Coopérative

La coopérative est un système dans lequel le savoir-faire part des distributeurs vers la tête de réseau tout en redescendant à nouveau. L'ensemble est amélioré par l'expérience de chaque coopérateur. Ce système est très semblable à celui de la franchise :
- Mise à disposition d'une marque ;
- Transfert de savoir-faire non obligatoire mais exigences économiques qui le rendent quasiment systématique ;
- Remontées de savoir-faire vers la coopérative qui se font de la même manière que le travail des commissions en matière de franchise.

Avantages
Le savoir-faire est travaillé par tous sans avoir à rémunérer des prestataires chargés de le développer. L'esprit de réseau est renforcé par la double qualité des distributeurs d'exploitants et d'associés de la coopérative.

Limite
La dilution du pouvoir retarde parfois les prises de décision essentielles.

Franchise, un mot valise

Dans le langage courant, le terme franchise s'applique aux sociétés qui utilisent une marque commune, avec des réalités juridiques souvent bien éloignées des réalités du secteur. Exposé à une marque commune et à l'homogénéité d'un concept, le consommateur ne fait pas de différence entre un magasin franchisé, une succursale ou le membre d'une coopérative. Dans l'esprit du grand public, la franchise est souvent assimilée à une mécanique d'uniformisation des centres-villes et des centres commerciaux, qui n'en est pourtant qu'un aspect. Dans le milieu professionnel, la franchise est également mal connue, car peu enseignée dans les universités et les écoles de commerce : ses fondements, son fonctionnement et sa dynamique restent insuffisamment formalisées.

Loi relative au secret des affaires

Depuis 2018, la loi n°2018-670 sur le secret des affaires permet au franchiseur de défendre davantage la confidentialité de l'ensemble des données relatives au savoir-faire de son enseigne. L'article L. 151-1 en particulier vise à protéger « au titre du secret des affaires» toute information répondant aux critères suivants :

- Elle n'est pas, en elle-même ou dans la configuration et l'assemblage exacts de ses éléments, connue ou aisément accessible pour les personnes familières de ce type d'informations en raison de leur secteur d'activité.
- Elle revêt une valeur commerciale, effective ou potentielle du fait de son caractère secret.
- Elle fait l'objet de la part de son détenteur légitime de mesures de protection raisonnables, compte tenu des circonstances, pour en conserver le caractère secret.

Cette loi n'a de valeur que si le franchiseur choisit d'y faire appel. Chaque franchiseur désireux de protéger le savoir-faire de son enseigne doit engager une démarche volontaire qui passe par la formalisation d'une demande. Il est de son devoir de répertorier et de prouver l'appartenance des différents aspects de son savoir-faire, particulièrement les éléments différenciants, pour étayer sa demande. Cette loi est un premier pas vers la protection du concept d'un franchiseur.

La protection du concept est clé pour le franchiseur dans la mesure où elle lui permet de créer un avantage concurrentiel sur le marché. En valorisant les facteurs identifiants, il contribue à freiner la concurrence par l'impossibilité d'utiliser ses signes distinctifs visuels, architecturaux, techniques ou opérationnels. Il s'agit d'une démarche rigoureuse ayant pour objectif une protection optimale de la propriété de l'enseigne.

Protection intellectuelle
Les marques ont une durée de vie. Ce n'est pas parce que l'on a déposé initialement une marque, un logo, un nom de domaine ou un mobilier que l'on est sécurisé à vie. Il faut mettre en place une veille permettant de noter l'apparition d'une action sur la marque. Si une tierce personne vient à déposer une marque similaire, l'alerte se génère automatiquement pour indiquer une action potentiellement parasite. Libre au franchiseur ensuite de régler ce problème en empêchant le concurrent de déposer sa marque.

Il convient ainsi, dès l'enregistrement de la marque, de se faire conseiller par un expert en propriété intellectuelle afin de définir la stratégie la plus sécurisante : effectuer une recherche d'antériorité, réfléchir aux classes dans lesquelles on souhaite la déposer, déposer en semi-figuratif (c'est-à-dire incluant la marque commerciale et le logo associé)... Il faut également préciser le libellé des classes exactes (les seuls intitulés de classes d'activité ne suffisent généralement pas) et choisir le périmètre géographique. Un détail utile : s'il s'agit d'une création de marque, il est préférable de réserver en amont l'URL de la marque sur internet avant de la déposer à l'INPI. Tout n'est pas protégeable et là encore, l'expertise d'un juriste s'impose.

Protection naturelle
Il est nécessaire de savoir détacher ce qui est propre au secteur d'activité de ce qui est propre au concept. Pour une franchise de nettoyage de toitures par exemple, ce qui est propre au secteur réside dans le protocole d'intervention technique, le process de nettoyage d'un chantier, les normes de sécurité, etc. Et ce qui est propre à l'enseigne, dans le centre d'appel avec numéro unique, le logiciel de planning/facturation, la location du véhicule, etc.

Puis, il convient d'isoler ce qui fait la différence de votre savoir-faire :

le bâtiment avec les cornes de BUFFALO GRILL, l'agencement avec le carrelage logotisé de FEUILLETTE, le produit avec la sauce secrète de L'ENTRECÔTE, le matériel avec le camion élévateur de ATILLA, l'informatique avec le logiciel de gestion d'O2... Ces éléments, naturellement difficiles à reproduire, offrent une protection simple pour la pérennité du concept.

Protection digitale

La digitalisation du savoir-faire permet la création, le regroupement, le traçage, le suivi et l'archivage de toutes les informations relatives au savoir-faire de l'enseigne et son évolution. Le savoir-faire d'une enseigne est naturellement confidentiel et sa transmission doit faire l'objet de certaines précautions.

Dans ce cadre, il est indispensable de choisir un outil sécurisé, qui assure une protection maximale de la propriété du réseau, notamment avec des codes d'accès personnels (obtenus par le franchisé uniquement après signature du contrat), des données protégées, une mention confidentielle, des informations datées et sourcées, un format protégé, etc. L'outil numérique garantit la confidentialité mais aussi la sécurité et la fiabilité du savoir-faire. Le franchiseur doit répondre à certains impératifs afin d'encadrer la transmission et la digitalisation de son savoir-faire. Il doit également prendre en charge la mise à jour des données et la gestion quotidienne de cet outil. Sans cet ensemble de précautions, il lui sera difficile de dénoncer la copie d'informations « non protégées ».

Naturellement, tous les éléments d'un concept ne sont pas protégeables. Afin d'en optimiser la protection, il est impératif d'identifier les points distinctifs et les catégoriser afin de définir des combinaisons protégeables. Plusieurs éléments associés, une fois protégés, sont reconnus comme propres au concept et au savoir-faire de l'enseigne et deviennent donc inexploitables par la concurrence. Après validation juridique, le franchiseur peut rédiger une charte de protection à faire signer aux franchisés.

De son côté, le franchisé doit respecter le concept créé par sa tête de réseau. Le paragraphe 2.3 alinéa a. du Code de Déontologie Européen de la franchise lui impose de « consacrer ses meilleurs efforts au développement du réseau de franchise et au maintien de son identité commune et de sa réputation. » Mais aussi et surtout des enjeux stratégiques. Mise à part les enjeux légaux, la marque et les signes de reconnaissance de l'esnseigne relèvent d'un enjeu stratégique exacerbé par un environnement très concurrentiel. Le respect et l'uniformité des recommandations de la tête de réseau ont pour but de :

- Distinguer l'offre actuelle de la concurrence ;
- La mettre en valeur ;
- Permettre aux clients de reconnaître le concept sur tout le territoire ;
- Générer de la fidélisation ;
- Faire des économies d'échelles quant à la production de supports.

Avis d'experts

Laurent Delafontaine. « Comment choisir son avocat ? »
Le document encadrant la relation entre le franchiseur et son réseau est l'un des piliers de réussite d'une enseigne se franchise. Communément nommé Contrat de franchise, il varie d'une rédaction à une autre, mais comprendra toujours les obligations réciproques. Selon moi, un bon avocat aura d'une part une large expertise du droit de la distribution et de sa jurisprudence, et d'autre part une expérience significative du contentieux. C'est cette double compétence que vous devrez rechercher pour retenir votre partenaire juridique.

Rédiger un contrat, c'est réussir à formaliser et équilibrer un engagement réciproque de 2 parties, autour de droits et devoirs communs. L'avocat du franchiseur aura une tendance à protéger au mieux les intérêts de son client, ce qui n'est généralement pas un souci lorsque l'enseigne est largement présente sur le territoire. C'est davantage une préoccupation pour les jeunes réseaux qui ne bénéficient pas (encore) de succès de franchisés, et dont de trop fortes exigences contractuelles peuvent effrayer les candidats. L'idée est donc de savoir retenir les clauses qui sont réellement nécessaires pour protéger la relation dans le temps. Si j'illustre mon propos, il me parait précoce d'obliger un approvisionnement quasi-exclusif auprès du franchiseur si ce dernier ne dispose pas de centrale d'achats. Sur la construction de ces contrats, j'ai pu remarquer 2 écoles d'avocats. Les premiers vont favoriser un contrat exhaustif et anticipant toutes possibilités de contentieux.

Par exemple, l'indemnité du franchisé qui sortirait du contrat avant la date de fin. Les seconds vont favoriser une écriture plus légère, les modalités précises d'exploitation du concept résidant dans le manuel opératoire du franchisé. Par exemple en ne précisant pas les modalités de sortie du franchisé avant la fin du contrat, qui seront défendues en audience devant le juge. Il n'y a pas de bonnes ou mauvaises écoles, c'est davantage un état d'esprit que doit partager l'avocat et son client.

À ce titre, je prends le parti de favoriser les avocats ayant une bonne expérience du contentieux en franchise. En effet, ils seront les plus à même de défendre le contrat dont ils sont l'auteur. Ce dernier point est important car si le cout de rédaction d'un contrat varie généralement de 6 à 12K€ HT, le cout d'un contentieux peut s'avérer beaucoup plus important pour le franchiseur. En synthèse, choisir un avocat, c'est s'assurer de sa parfaite connaissance de la franchise et de l'expérience du secteur d'activité concerné. C'est se faire expliquer et partager la philosophie de la relation franchiseur/franchisé et enfin de connaitre à l'avance les honoraires de traitement d'un contentieux.

Julien Siouffi. « Quels avantages à un contrat concis ? »
Du point de vue du développeur comme du candidat, un contrat de franchise s'appréhende avant tout en fonction de sa taille. Il y a 2 écoles en franchise : les avocats partisans d'un contrat long, et ceux qui rédigent des contrats courts. Dans les contrats qui comptent 60 à 100 pages, chaque situation est détaillée avec précision. Si ce type de contrat confère un certain sérieux à la démarche, les candidats se montrent souvent découragés par cette longue liste de clauses techniques.

D'autres avocats choisissent de rédiger un contrat plus synthétique. Simple à comprendre pour le franchisé, ce type de contrat est tout aussi protecteur pour l'enseigne. Souple dans son champ d'application, il comprend un manuel opératoire et des conditions générales d'utilisation des logiciels annexées au contrat et modifiables en un simple clic. En cas de contentieux, un tel contrat est favorablement perçu par le juge.

Hubert Bensoussan. « Les clauses essentielles du contrat. »
L'harmonie au sein du réseau, la profitabilité du concept sont les cibles clés. Ne soyons pas trop focalisés sur le contrat de franchise ; il n'est qu'un accessoire. Le plus souvent il reste enfermé dans un tiroir pendant toute la durée de la relation. La jurisprudence franchise se construit sur une minorité de cas. Nous nous limiterons aux obligations que nous considérons essentielles sur lesquelles le consentement du franchisé doit être éclairé si l'on veut éviter un quelconque vice du consentement qui peut engendrer la nullité du contrat.

L'identification du savoir-faire
Le franchisé est en droit de savoir dès la phase précontractuelle, au moment où il est destinataire d'un projet de contrat, sur quoi porte le savoir-faire du franchiseur. La palette est large : métier, communication, marketing, relation clients, organisation, etc.

La protection du savoir-faire

On a vu que la loi « secret des affaires » impose, pour la protection d'un savoir-faire, une volonté claire de le protéger exprimée par son titulaire. Celle-ci doit se manifester sur le contrat. De plus, le franchisé doit y témoigner du caractère peu facilement accessible du savoir-faire et s'engager à ne le divulguer en aucun cas.

Le respect de l'image de L'Enseigne

La formation et la remise des manuels opératoires doivent conduire le franchisé à respecter le savoir-faire dans ses moindres détails, toute défaillance pouvant impacter l'image globale de l'Enseigne. Le contrat doit être strict à ce titre et le franchiseur doit le faire respecter sans tolérance.

Les exclusivités

Bizarrement, malgré la concurrence grandissante entre les Enseignes, les franchisés insistent toujours pour bénéficier d'une exclusivité d'implantation du concept sur un territoire déterminé. Pourtant, le franchisé tisse un partenariat avec le franchiseur, mais aussi, de fait, avec les autres franchisés du réseau. La présence d'autres franchisés à proximité est profitable si elle est bien organisée. Mutualisation des coûts de communication, entraide, meilleure notoriété de l'Enseigne localement ; les facteurs positifs d'une cohabitation sont nombreux. S'agissant d'un sujet particulièrement important pour les franchisés et les banquiers, le contrat doit permettre de savoir, en cas d'exclusivité, si elle concerne la seule implantation physique du concept ou si elle s'étend à l'exploitation du concept, voire aux produits pris isolément.

Les obligations financières

Les obligations financières du franchisé (redevances initiale, de franchise, de communication, informatique, etc.) doivent être listées et chiffrées une par une sur le contrat. Il importe d'informer le franchisé sur les obligations faisant l'objet d'une rémunération distincte de ces redevances, le cas échéant.

L'obligation de fidélité

Il s'agit de l'obligation de non concurrence applicable pendant la durée du contrat. Il est important, pour la protection du savoir-faire du franchiseur, que le franchisé n'exerce pas une activité semblable avec une autre Enseigne pendant la durée du contrat.

L'obligation de non concurrence post-contractuelle
Désormais avec la loi Macron, l'obligation de non concurrence à la fin du contrat est possible, dès lors qu'elle remplit un certain nombre de critères. Elle doit être indispensable à la protection du savoir-faire, limitée à un an et aux locaux concernés par l'activité franchisée. Le contrat doit expliquer clairement en quoi la clause protège efficacement le savoir-faire. Cette obligation n'est pas très appréciée des candidats à la franchise mais elle est utile pour protéger le savoir-faire. De plus, à un moment où les franchisés sont très souvent sollicités par des réseaux concurrents, elle évite les décisions trop hâtives de changement de réseau.

Les précautions
Toutes les autres clauses des contrats de franchise sont importantes, mais moins déterminantes que la nécessité pour le franchiseur de respecter un certain nombre de règles de fonctionnement propices à l'harmonie au sein du réseau :
- La proposition d'un contrat globalement équilibré en vue d'une relation gagnant-gagnant ;
- Un choix des candidats à la franchise toujours fondé sur des critères prédéfinis ;
- Une surveillance permanente des prix des produits et services concurrents en faisant en sorte que les franchisés aient les moyens d'être concurrentiels, en leur évitant ainsi de se sentir floués ;
- Une réflexion permanente pour améliorer le savoir-faire et maintenir un avantage concurrentiel pour les franchisés ;
- Une propension à la négociation : Un conflit peut détériorer l'ambiance au sein du réseau, même si il se solde par un procès gagné par le franchiseur. Il peut aussi impacter le développement. Ainsi, un conflit relatif au territoire entre le Franchiseur et un franchisé ou entre franchisés doit-il faire l'objet d'une information précontractuelle aux candidats à la franchise voulant s'installer à proximité des franchisés concernés ;
- Une aptitude à comprendre les problématiques des franchisés, et à conseiller avec bienveillance.

ÉTAPE 8. LA SIGNATURE DE VOTRE PREMIER CONTRAT

<u>Présentation</u>

Contrat de réservation de zone, le point de départ

Point d'inflexion majeur dans la relation entre le franchisé et le franchiseur, le contrat de réservation de zone fait souvent office de premier contrat. En effet, le séquençage de la vente d'une franchise implique en général le choix d'un emplacement et l'obtention d'un financement pour former la conclusion définitive du contrat. Le contrat de réservation de zone peut être un document spécifique ou un ensemble de clause du contrat complet. Au moment où le candidat signe ce contrast et verse la somme afférente, il acte la fin de sa période de réflexion et s'engage dans la préparation de son projet, avec l'assistance du franchiseur. Il marque également l'engagement du franchiseur à ne pas rechercher d'autres candidats sur la zone. Pour le développeur, la signature du contrat de réservation est un closing commercial.

Concrètement, le contrat de réservation de zone contient 1 à 2 pages qui prévoit :
- L'exclusivité de la relation entre le candidat et le franchiseur ;
- La durée de l'exclusivité de la relation ;
- La zone géographique concernée ;
- Le montant de l'acompte versé par le candidat ;
- Le sort de l'acompte en cas de non-réalisation du projet.

Le montant de l'acompte varie en général entre 4 000 à 8 000€ HT. Cette somme n'est en principe pas remboursable, sauf dans certains cas de force majeure comme un accident ou une grave maladie. Structurant dans la relation entre le franchisé et le franchiseur, le contrat de réservation permet de certifier la motivation du candidat à rejoindre le réseau ; disposer d'un premier encaissement pour l'enseigne ; et déclencher l'assistance du franchiseur auprès du franchisé, dans la réalisation de son projet. Dès que le contrat de réservation de zone est signé, le franchiseur s'engage à assister son futur franchisé dans cette phase précontractuelle, en lui remettant le manuel opératoire des actions à venir du franchisé : recherche de l'emplacement, création de la société et obtention du financement.

Points de repères

Finaliser le contrat

La signature du contrat de réservation est toujours un moment générateur de stress pour le développeur. Il s'agit d'un closing commercial, dont l'objectif est d'acter l'engagement du candidat dans le projet, en échange d'une contrepartie financière. Pour réussir ce closing, il faut :

- Présenter en amont, dès le premier contact, la date à laquelle se forge l'engagement, pour que ce moment arrive naturellement dans la relation candidat/développeur ;
- Répondre explicitement aux objections qu'a pu émettre le candidat à chaque étape du rétroplanning de signature, afin que l'ensemble du projet soit clair pour tout le monde ;
- Être rigoureux sur la précision des informations précontractuelles afin que le contrat ne contienne aucune disposition contradictoire.

Comité de sélection

La franchise est une vente sélective : si le développeur s'emploie à séduire le candidat, c'est aussi pour trouver les meilleurs profils au moment de la concrétisation de la vente. Dans un premier temps, le développeur s'attache à entretenir l'intérêt du candidat pour le concept, en présentant le projet de manière loyale et transparente. Si ce dernier se montre captivé, le développeur rappelle que sa candidature va être évaluée par un comité de sélection, où siège en général un nombre impair de décisionnaires (au cas où un profil qui ne fait pas l'unanimité puisse être agréé ou refusé par un vote clair).

Ce comité de sélection peut prendre la forme d'un rendez-vous avec le dirigeant de l'enseigne, qui va principalement jauger le savoir-être du candidat et disposer d'un droit de veto. Le positionnement du développeur vis-à-vis du candidat pivote alors : ambassadeur de sa candidature, il n'est plus là pour séduire mais pour présenter le projet et le défendre.

Les franchisés pionniers

Lorsqu'un futur franchiseur prévoit de se lancer en réseau, c'est souvent avec la vision idéalisée de ce qu'il souhaite créer, c'est-à-dire un réseau complet qui rayonne sur un territoire large. Il doit pourtant gravir plusieurs échelons avant d'atteindre sa vision.

La règle des 1-3-5-7 franchisés permet de structurer un lancement en réseau efficace. Le recrutement des 7 premiers franchisés répond à des normes spécifiques. Véritables pionniers, ces derniers rejoignent un réseau dont la rentabilité n'a pas encore été prouvée. Ils envisagent de participer activement à la réussite de l'enseigne. Dès le 8ième franchisé, le schéma et le profil des franchisés changent. Le réseau attire non plus uniquement des pionniers mais des personnalités plus suiveuses. Rassurés par la réussite des premiers, ces nouveaux franchisés accompagnent le développement du réseau et le développement s'enclenche naturellement sur un format durable de franchisé type.

1er franchisé : se lancer
Tout le lancement en réseau d'une enseigne repose sur le recrutement de son premier franchisé. Une étape cruciale qui permet de se lancer. Différent des suivants, ce profil ne craint pas de prendre des risques et développera un fort attachement au réseau. Le futur franchiseur doit être conscient de ces spécificités pour les intégrer dans son recrutement et trouver un profil adapté.

3ème franchisé : s'organiser
La signature du troisième franchisé marque une nouvelle étape : la mise en place de règles de fonctionnement. Si la communication peut rester informelle entre franchiseur et franchisé, à partir de 3 franchisés, le franchiseur se doit d'instaurer une organisation claire pour garantir le bon déroulement de la relation et définir les lignes directrices de l'animation de son réseau.

5ème franchisé : comparer
À partir du cinquième franchisé, l'instauration de règles de fonctionnement devient inévitable. Il en va de même pour les process d'animation, dans une volonté de rationalisation de l'information. Le franchiseur commence à comparer les performances des différents franchisés et à en tirer un premier retour d'expérience.

7ème franchisé : naissance du réseau
Le septième franchisé marque l'adoption des pratiques du réseau. À ce stade, le franchiseur est tenu d'adopter un véritable fonctionnement pour élaborer des pratiques efficaces et performantes, dans les règles de l'art du secteur.

Avis d'experts

Laurent Delafontaine. « Qu'est-ce qu'un bon dossier de franchisé ? »
De l'avis de nombreux développeurs de réseaux, la première qualité recherchée chez un candidat n'est pas une qualité, mais sa capacité financière ! Ce point est exact, car il très souvent inutile de perdre et de faire perdre du temps à quelqu'un qui n'a pas l'apport minimum souhaité.

Dans les autres critères de sélection, vient ensuite son degré de mobilité géograpshique, car si un candidat souhaite absolument s'établir sur une ville déjà représentée, la discussion s'arrêtera rapidement. Enfin, les critères liés au savoir-être vont permettre de vérifier la capacité du candidat à s'intégrer au sein du réseau et d'y réussir pleinement l'exploitation du concept dans le temps. Un autre point me semble important, la chronologie du projet de franchise, afin de pouvoir favoriser les candidatures à court terme, sur les autres « projets en réflexion ». Le développeur a pour responsabilité de présenter à sa hiérarchie un dossier reprenant expressément ces 4 points, cela permet de structure le recrutement et de gagner en temps et efficacité dans le processus, ce qui est louable pour chacun.

L'aspect financier sera ainsi présenté de façon synthétique, en affichant le prévisionnel de chiffre d'affaires du site, la rentabilité du projet, ses ratios clés dont le retour sur investissements. Ces données vont différer d'un dossier à l'autre, en fonction de l'emplacement immobilier, du potentiel de la zone géographique dédiée et des apports du candidat. Il sera donc joint à cette partie financière, une proposition de zone contractuelle et de son potentiel, une présentation du local commercial, son coût d'acquisition, de travaux de mise aux normes, de loyer... et la prévision de chiffre d'affaires, ce qui reste le plus compliqué à définir avec justesse. Cette prévision est souvent réalisée en interne avec l'expérience du développeur, mais aussi avec l'appui d'un cabinet de géomarketing mandaté à cet effet.

Les aspects liés au candidat sont synthétisés sur une « fiche candidat » qui reprend les aspects saillants du CV, de la lettre de motivation, du rapport d'étonnement, des rendez-vous avec le développeur... mais aussi les informations personnelles et leur vérification (extrait bancaire, accord de financement, certificat de non-condamnation, ...). Parfois, une enseigne vient compléter ces aspects avec une analyse psychologique du candidat via un logiciel de profiling. Une fois complétés, ces dossiers de candidatures sont présentés mensuellement par le développeur à un Comité de validation, composé des principaux dirigeants de l'entreprise, afin que la décision soit collégiale, et donnent lieu à une validation (ou non) de la candidature.

Julien Siouffi. « La première impression, déterminante dans la conclusion du contrat. »

« On n'a pas 2 fois l'occasion de faire une première bonne impression ». L'adage est vrai en franchise. C'est toujours le premier contact qui reste à l'esprit du franchisé au moment où il s'engage des mois plus tard. En ce sens, le premier contact doit être chaleureux, bienveillant, centré sur les attentes du candidat et refléter la qualité de l'assistance du franchiseur. Un support de premier contact du type « Guide du franchisé » permet d'amorcer la relation en posant les bases à venir : contexte de la franchise, candidats cibles de l'enseigne, bénéfices franchisés, présentation du planning précontractuel et présentation de l'enseigne.

Dans les faits, le développeur de réseau appelle le candidat avec comme objectif de fixer un premier rendez-vous. Lors de cet échange, souvent téléphonique, il est conseillé de privilégier une position d'écoute pour comprendre son profil, ses attentes et ses questionnements. À la fin du rendez-vous, qui dure en moyenne 1h00, le développeur doit reformuler les attentes du candidat, puis lui indiquer la manière dont l'offre de franchise répond (ou non) à son projet professionnel. Ce premier rendez-vous n'est donc pas dédié à la promotion du projet mais à la qualification du candidat.

Si tout s'est bien passé, le développeur fixe un second rendez-vous, qui dure 2 à 3h00, souvent en présentiel, pour présenter l'enseigne en détail et approfondir les différents aspects de l'offre de franchise. À ce stade, le développeur a compris les enjeux du candidat et le futur franchisé dispose d'informations suffisantes pour se projeter : c'est le moment de l'immersion dans une unité franchisée. D'une durée d'une journée, l'immersion vise à faire expérimenter au franchisé le quotidien qui l'attend et d'évaluer son adéquation à son futur environnement professionnel. C'est une garantie au succès du projet.

Lorsque l'immersion est réussie, le DIP est signé, puis le dossier de candidature du futur franchisé présenté à la commission d'admission. Composée par 3 personnes, dont le dirigeant du réseau, cette commission fait le point sur la candidature à partir de la présentation du développeur. Dans certains réseaux, le candidat vient présenter directement son projet au comité.

Une fois la candidature validée, le contrat de réservation peut être signé et la relation rentrer dans sa phase finale de concrétisation.

CHAPITRE III

Assister vos premiers franchisés

ÉTAPE 9. L'ASSISTANCE PRÉCONTRACTUELLE

Présentation

De la vente à l'assistance

Nous l'avons vu : la signature du contrat de réservation est un point pivot dans la relation franchisé/franchiseur. Elle fait basculer d'une logique de vente sélective dans un environnement règlementé à une véritable assistance pendant toute la construction de son projet.

Cette période de concrétisation est paradoxalement une période à risque pour la sécurité juridique du franchiseur. Tandis que le franchisé sollicite son savoir-faire sur le choix de l'emplacement, la forme juridique de son entreprise et l'obtention du financement, le franchiseur doit à la fois assurer les conditions d'un consentement éclairé et respecter l'indépendance de son franchisé.

Pour cadrer les demandes d'information de son franchisé, le franchiseur a intérêt à les anticiper en posant de manière explicite le cadre de la relation : celui de 2 entreprises indépendantes. À la conclusion du contrat de réservation de zone, le franchiseur remet en mains propres les guides de l'emplacement, de la création de société et du financement. Chaque guide rappelle les fondamentaux de la relation franchisé/franchiseur et prodigue l'assistance nécessaire pour réussir chaque étape de la construction du projet, sur la base du manuel opératoire.

Points de repères

Guide de l'emplacement
Pour veiller à renforcer la sécurité juridique du franchiseur, il s'avère utile de procéder à un rappel rigoureux de la règlementation qui s'applique à la relation franchisé/franchiseur. En premier lieu, le guide de l'emplacement rappelle les obligations de chacun :
- Le choix de l'emplacement est du ressort du franchisé ;
- Le franchiseur ne peut pas valider un emplacement ;
- Le franchiseur dispose d'un droit de veto (il peut, par exemple, s'opposer à l'exploitation de son concept sur un lieu).

Ce guide détaille également les caractéristiques idéales de l'emplacement, sous forme de cahier des charges : taille, surface, accessibilité, environnement, etc. Ensuite, il indique les process à appliquer pour trouver le local : qui contacter, quels réseaux, les partenaires du réseau sur ce sujet, les différentes offres et des conseils pratiques de recherche.

La partie suivante concerne l'évaluation du local : grille d'évaluation, conseils méthodologiques pour en évaluer la qualité et liste d'éventuels partenaires de l'enseigne pour la réalisation d'études d'implantation. Enfin, la dernière partie donne des orientations pour négocier au mieux avec les propriétaires et bailleurs, afin que le candidat soit le plus affûté possible dans ses discussions concernant les conditions de prise du local.

Lorsque l'emplacement est stratégique à la réussite du concept, le franchiseur peut annexer au guide une présentation de l'enseigne à destination du bailleur. Cette présentation délivre des informations précieuses sur le réseau, les caractéristiques du concept et l'accompagnement au franchisé. Un tel document peut se révéler déterminant pour l'obtention d'emplacements particulièrement convoités.

Guide du financement
Le guide du financement est à géométrie variable en fonction du concept. Son périmètre varie selon les sommes mobilisées. À l'instar du guide de l'emplacement, le guide du financement rappelle des fondamentaux de la sécurité juridique du franchiseur :

- La construction d'un prévisionnel financier relève de la seule responsabilité du franchisé ;
- Le franchiseur ne peut pas valider un prévisionnel financier ;
- L'obtention du financement est la seule affaire du franchisé, entrepreneur indépendant et acteur de son projet.

De nombreuses décisions de jurisprudence s'appuient sur les prévisionnels financiers élaborés pendant la phase de construction du projet. Le risque principal est de voir la responsabilité du franchiseur remise en cause en cas de non-réalisation du prévisionnel financier. Au vu de ce risque, il est préférable pour le franchiseur d'opter pour la transparence en remettant à son franchisé l'ensemble des bilans dont il dispose, sur chaque emplacement qui exploite son concept. En fonction du concept, le guide du financement aborde plusieurs points clés :

- La création de société. Il s'agit principalement de recommandations sur l'exploitation du concept : code APE, convention collective applicable, dispositifs d'aide à la création, etc. Mais également sur le rôle de l'expert-comptable et les critères de choix de celui-ci ;
- L'aménagement du local. Le budget d'aménagement du local peut être significatif dans certains concepts et il est nécessaire de transmettre au franchisé l'ensemble des informations qui vont lui permettre de calculer son propre budget d'investissement, ainsi que la liste des partenaires référencés, dont certains peuvent être contractuels ;
- La construction du prévisionnel. Si le prévisionnel doit être réalisé exclusivement par le franchisé en collaboration avec son expert-comptable, cet exercice ne peut se faire sans la transmission préalable par le franchiseur de points de repères financiers du concept tels que les ratios commerciaux, d'exploitation et financiers du concept, en précisant la méthodologie de calcul utilisée ;
- L'obtention du financement. Cette partie est consacrée aux relations avec les banques et comporte des conseils de présentation du dossier et de négociation avec les banques mais également une liste de partenaires bancaires du réseau. À noter que le franchiseur ne peut en aucun cas accompagner le franchisé en rendez-vous bancaire ou s'immiscer dans la relation entre la banque et le franchisé.

Dans cette étape cruciale du projet, le franchiseur doit se montrer vigilant à bien respecter l'indépendance du franchisé, qui conçoit un projet à son échelle, élaboré selon sa propre vision de son entreprise. À titre d'exemple, le prévisionnel prend en compte son propre temps de travail, selon qu'il souhaite recruter pour se faire aider ou assumer une part conséquente des heures de travail requises lors de la mise en œuvre du concept. De même, c'est lui qui choisit son niveau d'apport financier et les arbitrages de gestion en fonction de ses propres objectifs patrimoniaux.

Cette étape est l'occasion pour le franchiseur d'adopter la posture qui sera la sienne pendant toute l'exécution du contrat : celle d'un partenaire respectueux de l'indépendance du franchisé et de l'environnement contractuel de la franchise, dont l'assistance bienveillante n'a d'autres but que la réussite commune.

Rétroplanning d'ouverture

Lorsque le contrat définitif est formalisé – c'est-à-dire au déblocage des fonds prévus par le contrat suite à l'accord de la banque pour le financement -, le franchisé rentre dans la phase de rétroplanning d'ouverture. Les 3 temps forts sont les travaux d'aménagement du local, la formation et le recrutement. Le franchiseur, toujours dans une logique d'assistance, remet 4 guides à son franchisé en les adaptant à son concept :

- Le guide de l'ouverture, qui explique au franchisé les échéances principales à venir, ses interlocuteurs au sein de l'enseigne et ce qu'il doit prévoir pour préparer son ouverture ;
- Le guide de l'aménagement, qui détaille les éléments techniques du concept marchand, liste les fournisseurs et les partenaires de l'enseigne, indique les process du réseau et prodigue des conseils issus de l'expérience du réseau ;
- Le guide de la formation, qui prodigue des informations pratiques liées à la formation ;
- Le guide du recrutement, avec les profils cibles à recruter, les sourcing de candidats, les modèles d'annonces, les scripts d'entretien de recrutement, les critères de sélection, d'éventuels tests et les procédures d'intégration du collaborateur.

Rédigés dans un esprit d'assistance au franchisé, ces guides constituent une partie du manuel opératoire du franchisé.

Rendre votre franchisé proactif

Le devoir du franchiseur est d'assister le franchisé dans la réussite de l'exploitation du concept qu'il met à sa disposition, mais aussi dans sa prise d'autonomie. Lorsque ce dernier ne dispose pas d'une expérience préalable de chef d'entreprise ou d'indépendant, il est indispensable de lui transmettre les codes et de lui communiquer l'âme même de son nouveau métier : le sens des responsabilités. Il arrive fréquemment que le franchisé débutant considère le franchiseur comme son employeur. De la même manière, le franchiseur, dans son souci de bien faire et souvent par ignorance, cherche à aider au mieux le franchisé, franchissant parfois la ligne de son autonomisation : validation du prévisionnel financier, choix du local, sélection des salariés, etc.

Le défi du franchiseur est de parvenir à établir un périmètre clair d'autonomie du franchisé (écrit noir sur blanc dans le process du manuel opératoire du franchisé et dans les différents guides qu'il remet au franchisé) afin que le modèle porte ses fruits. Un franchisé autonome est toujours plus rentable pour l'enseigne : acteur de sa propre réussite, il obtient de meilleurs résultats sur le terrain. Pour le bénéfice de tous.

Passage de main entre développeur et service d'ouverture

Rejoindre une franchise relève d'un acte fort. Le franchisé remet toute sa confiance au développeur de réseau pour lui assurer un avenir professionnel radieux sur les 5 années à venir. Aussi est-il important de prendre ce niveau affectif en considération pour fluidifier l'expérience du franchisé qui a de très fortes attentes vis-à-vis de l'enseigne. Concrètement, son dossier doit être transmis dans les services qui s'occupent du rétroplanning d'ouverture en organisant une réunion dédiée où sont conjointement présents le développeur, la personne qui s'occupe du planning et le candidat à la franchise.

Privilégié, ce moment assure une assistante au franchisé pendant la période de préouverture, que ce soit aux côtés d'un chargé de projet que d'un animateur réseau. Durant cette passation, le développeur indique au franchisé qu'il peut le joindre à tout moment. Prendre soin d'organiser ce passage de main est un excellent moyen d'honorer la confiance que le franchisé porte au développeur de réseau.

Avis d'experts

Julien Siouffi. « La nature a horreur du vide. »
La transparence est l'alliée du franchiseur. D'un côté, la transparence financière permet de renforcer la sécurité juridique du franchiseur en éclairant le candidat à la franchise lors de son choix de contracter avec l'enseigne. De l'autre, la transparence sur les règles de fonctionnement de la franchise permet à la tête de réseau d'assister son franchisé tout en respectant son indépendance.

Parfois, des franchiseurs sont influencés par leur difficulté à lâcher prise lors de l'exploitation de leur concept par un tiers. Mus par le désir de bien faire, ils se substituent au franchisé en validant « oralement » des emplacements ou des prévisionnels. À l'heure du digital, cette tentative de dissimulation de la data est téméraire et de toute façon illégale. Sous la pression d'avocats maîtrisant peu les rouages du recrutement, le résultat peut même être pire : les développeurs de réseau reçoivent la consigne de ne rien valider et passent outre ces instructions dans le secret de leur boite mail. Toutes ces démarches créent un environnement toxique qui nuisent à la performance du modèle et à l'épanouissement du réseau.

Dans un souci de perfection, les franchiseurs peuvent expliquer que certains résultats n'ont pas été concluants : mauvais emplacement, recrutement raté, optimisation de concept qui n'a pas fonctionné... Autant d'essais qui lui permettent de mettre au point un pilote, dont les enseignes bénéficient directement au franchisé. La franchise résultant avant tout de la somme d'un savoir-faire, il serait bien hasardeux qu'un franchiseur prétende n'avoir rencontré que le succès lors de la mise au point de son pilote. Ces tentatives sont aux contraires rassurantes sur la solidité du savoir-faire et le franchiseur doit apprendre à en tirer profit, en partageant son expérience en toute transparence.

Laurent Delafontaine. « Être servant sans être servile. »
Le développeur, le formateur, l'animateur ne sont pas au service d'un franchisé mais d'un réseau composé de franchisés, Ils contribuent à la réussite de toutes les entreprises composant ce réseau et réalisent dans leur rôle respectif, un ensemble d'actions permettant de bien fonctionner

et d'assurer la croissance économique de l'enseigne. Nous parlons donc souvent « d'assistance » et non de co-construction, le franchiseur ne doit pas se soustraire au franchisé, mais lui permettre de réaliser par lui-même et devenir ainsi autonome dans l'exploitation du concept. Le rôle de l'enseigne sera par la suite de veiller à la bonne application du concept par le franchisé, de lui apporter conseil en cas de difficultés et de l'accompagner dans la mise en œuvre de ses conseils.

Dans ce chapitre sur l'assistance précontractuelle, la difficulté pour le développeur sera de jauger ce qui est nécessaire, ce qui est utile et ce qui est superfétatoire pour le franchisé. Je vais illustrer mon propos pour mieux comprendre cette fine frontière. Il est dans l'intérêt du développeur de trouver un local commercial à son candidat, en particulier dans le cadre des salariés en reconversion (70% de tous les candidats), qui disposent très rarement d'un emplacement. Le franchiseur doit pouvoir proposer une sélection de locaux, correspondant aux critères de l'enseigne (flux, surface, taux d'effort, ...), au risque sinon de voir partir son candidat chez une enseigne concurrente disposant, elle, d'un local dans la ville souhaitée par le candidat.

Pour autant, rien n'empêche le candidat de participer activement à cette recherche. Le franchiseur aura pris soin de lui remettre un « cahier des charges du local », qui lui permettra de rencontrer des agences immobilières, de prospecter localement et de sélectionner les emplacements « éligibles » qu'il présentera au développeur. Le candidat peut aussi découvrir ou approfondir sa connaissance du marché et de la concurrence locale, par le biais d'échanges avec les commerçants sur la vitalité du quartier, les travaux en-cours... mais aussi de visites chez les concurrents pour identifier les forces et faiblesses de chacun, la politique tarifaire... La recherche du financement est stratégique pour le candidat, faute d'accord bancaire, son projet ne verra pas le jour. Le rôle du développeur est de lui fournir le maximum d'atouts pour augmenter la qualité du dossier, veiller à l'exhaustivité de ce dernier et l'accompagner à distance dans la démarche.

Soit le développeur a l'expérience de la recherche de financement : il aura donc pris soin de référencer différents partenaires financiers, de communiquer un dossier type avec les pièces à fournir et d'informer le candidat des bonnes pratiques. Soit le développeur « délèguera » cette assistance à un courtier financier (tiers partenaire), qui moyennant commission, rédigera et présentera le dossier du candidat aux établissements bancaires. Dans les 2 cas, le candidat sera le moteur des démarches et le développeur son carburant, dans le sens de l'alimenter en informations et conseils !

Un point qui m'a souvent été demandé concerne le choix juridique de la société du franchisé. Ces notions juridiques et fiscales ne sont clairement pas du domaine du développeur, même s'il en a les compétences. Cela varie en fonction de sa situation matrimoniale, de son exposition fiscale, et de nombreux autres paramètres que seul un expert-comptable ou un fiscaliste, est habilité à analyser et apporter le conseil adéquat. En voulant bien faire, le développeur qui prendrait part à cette décision, s'exposerait dans le temps à d'éventuelles reproches du candidat.

L'exercice de « faire ou ne pas faire » est donc difficile pour le développeur car le candidat se remet souvent à son expertise, lui demande conseil, l'interroge sur des situations, en somme l'intègre pleinement dans sa démarche, ce qui humainement agréable pour le développeur qui se sent valorisé. Pour autant, il ne doit jamais oublier que le candidat est un entrepreneur indépendant, dont la prise de risque est « sa » responsabilité, et non celle de l'enseigne et de ses représentants.

Hubert Bensoussan. « Assistance précontractuelle : les pièges à éviter. »
L'emplacement
Le choix de l'emplacement est fondamental. Il est l'une des causes les plus fréquentes de l'échec d'un franchisé. Il est aussi une source de procès entre franchiseur et franchisé. En effet, en situation d'échec du fait d'une zone peu fréquentée, il n'est pas rare qu'après avoir déposé son bilan, le franchisé s'en prenne au chef de réseau pour tenter de mettre en cause sa responsabilité à ce titre. Voici le type de discours que l'on peut lire dans un cadre contentieux : « le franchiseur connaissait parfaitement les exigences de son concept, il savait que le local n'était pas adapté à l'activité. Pourtant, il a laissé le franchisé s'y installer en pensant à son intérêt exclusif (droits d'entrée et redevances). »

Ce genre de raisonnement n'est pas acceptable pour un franchiseur digne de ce nom comme le sont la plupart des franchiseurs. Malgré tout, le juge peut être sensible à un tel discours si le franchiseur n'a pas pris

certaines précautions indispensables :
- Ne jamais valider expressément l'emplacement ; le choix incombant exclusivement au franchisé ;
- Le franchiseur doit se contenter d'indiquer qu'il ne voit pas d'obstacle à l'installation du franchisé en rappelant à ce dernier que, commerçant indépendant, il doit vérifier lui-même tous les paramètres de commercialité de l'emplacement.

Ces 2 précautions suffisent à exclure la responsabilité du chef de réseau.

Le financement
Bien souvent les franchiseurs souhaitent avoir la main sur la recherche de financement. En effet, maîtres du concept, ils sont mieux placés que personne pour aider le franchisé à trouver un financement, à convaincre un organisme financier de participer à l'opération de franchise. Cela ne peut se faire sans certaines précautions :
- Le franchiseur doit se contenter d'indiquer le nom d'organismes financiers ;
- Il ne doit pas s'immiscer dans la négociation avec eux. Il appartient aux seuls franchisés, indépendants, d'opérer cette négociation. On a vu pour le budget prévisionnel qu'il est totalement inopportun pour un franchiseur de s'immiscer dans sa rédaction. Si celui-ci participe à la négociation avec l'organisme financier, il aura nécessairement accès au budget prévisionnel du franchisé et devra sans doute même le défendre en face du banquier.

Cette situation peut conduire le franchisé en échec à tirer profit de l'intervention du franchiseur auprès du banquier pour prétendre qu'il a été trompé sur le budget prévisionnel et solliciter des dommages et intérêts.

ÉTAPE 10. LE MANUEL OPÉRATOIRE DU FRANCHISÉ

<u>Présentation</u>

Manuel opératoire, un document fondamental

Le Règlement européen d'exemption n° 330/2010 du 20 avril 2010 définit le savoir-faire comme « un ensemble secret, substantiel et identifié d'informations pratiques non brevetées, résultant de l'expérience du franchiseur. » La forme la plus courante de l'identification du savoir-faire est le manuel opératoire : il permet d'identifier le savoir-faire nécessaire au franchisé pour exploiter le concept dans les conditions prévues par le contrat en un seul et même ouvrage. Traditionnellement, il s'agissait d'un ouvrage papier remis en un seul exemplaire au franchisé. Par la suite, il a pris des formes variées : site web, tutoriels, cycles de formation, logiciel, etc. Dans tous les cas, un manuel opératoire du savoir-faire comporte 150 à 200 pages et sa rédaction nécessite 15 à 30 jours pour un rédacteur expérimenté.

Dans ce manuel, le franchiseur doit mettre en œuvre une gestion de la connaissance (Knowledge management) propre à apporter le savoir-faire dont a besoin l'opérateur du concept, selon une structure en 5 temps :

- La direction de l'unité franchisé. Cette partie s'adresse principalement au dirigeant et recense les éléments de la phase de préouverture ainsi que les outils de pilotage du quotidien ;
- Le commercial. Il s'agit de l'ensemble des techniques et des savoir-faire liés à la conclusion de la vente ;
- L'exploitation. Cette partie est dédiée à l'exécution de la prestation achetée par le client. Il s'agit souvent du cœur du savoir-faire du franchiseur ;
- Le management. Le franchisé est un chef d'entreprise qui pilote une équipe en tant qu'employeur, ce qui représente un enjeu crucial à la réussite de son entreprise ;
- La communication. L'utilisation de la marque par le franchisé est strictement encadrée et fait l'objet d'un cadre précis de la part du franchiseur.

Idéalement, ces 5 temps se synchronisent aux 5 étapes du cycle de vie du franchisé :

- Préparation du lancement. Il s'agit de l'ensemble des tâches affectées au franchisé lors du rétroplanning de lancement ;
- Lancement. Les 120 premiers jours sont en général cruciaux, même si cette période varie de quelques jours à quelques mois suivant le type d'activité ;
- Atteinte du seuil de rentabilité. Le franchisé doit disposer d'un pilotage précis de son activité pour pouvoir organiser ses actions en fonction de ses moyens ;
- Atteinte des objectifs d'exploitation. Le franchisé pilote sa croissance au plus près du modèle économique du concept. Il utilise comme référentiel le Business Plan qu'il a établi lors de la préparation du projet ;
- Développement. Le franchisé oriente sa croissance vers un objectif qui lui est propre, comme ouvrir d'autres points de vente ou moins travailler.

Enfin, l'accès au savoir-faire varie en fonction des profils intervenant dans le concept : le franchisé peut consulter les données les plus complètes alors que ses salariés ont accès uniquement au savoir-faire dont ils ont besoin. Pour bien doser cette diffusion, le format « site web » est privilégié par les réseaux pour ses multiples avantages :

- Il accorde un accès individuel au manuel opératoire et gère le risque de divulgation du savoir-faire ;
- Le savoir-faire mis à disposition du franchisé est limité : un franchisé en année 3 n'a pas accès aux mêmes éléments que celui qui prépare son ouverture ;
- La traçabilité de la consultation du savoir-faire est possible ;
- Il est possible de créer de multiples passerelles entre le manuel opératoire du franchisé et celui du franchiseur, pour garantir l'homogénéité du réseau ;
- Les contenus multimédias, et notamment la vidéo, s'intègrent nativement dans un site web, tout comme les liens vers une plate-forme de formation.

Points de repères

De l'inventaire des savoir-faire au sommaire détaillé

Pour construire le manuel opératoire de son concept, il est nécessaire de procéder à un inventaire de l'ensemble du savoir-faire formalisé. Ce savoir-faire comprend les supports de formation interne ou externe, les fiches techniques, les procédures écrites, les manuels d'utilisation, etc. À chaque support de formation correspond un emplacement dans le système d'information de l'entreprise et un responsable du sujet.

Cet inventaire est ensuite confronté au sommaire détaillé reprenant les 5 parties du manuel opératoire du franchisé : direction, commercial, exploitation, management, communication. La confrontation entre l'existant et le sommaire cible permet de lister les parties du manuel opératoire à rédiger, de calculer le pourcentage de réalisation du manuel opératoire, d'en évaluer le temps de production et de construire le calendrier prévisionnel de production.

Savoir-faire générique et spécifique

La mise en œuvre du concept par le franchisé requiert des savoir-faire propres au concept, dits savoir-faire spécifiques, et des savoir-faire génériques, communs à plusieurs activités et nécessaires à la bonne exploitation de l'unité franchisée. Par exemple, une recette de cuisine exclusive peut relever d'un savoir-faire spécifique qui donnera un goût unique au plat. En revanche, le Plan de Maîtrise Sanitaire de la cuisine dans laquelle est fabriqué ce plat est générique à l'ensemble du secteur de la restauration. D'un point de vue juridique, l'assemblage de plusieurs savoir-faire générique peuvent constituer un savoir-faire spécifique.

Charte architecturale du concept

Les signes distinctifs du concept font partie intégrante de celui-ci. Il s'agit du logo, et de la marque, bien sûr, mais aussi de tout ce qui fait que, même sans le logo et la marque, le concept est immédiatement reconnaissable (le toit rouge de BUFFALO GRILL, par exemple). Enrichis de consignes techniques et graphiques, ces éléments doivent être rédigés dans un document spécifique, baptisé la « Charte architecturale du concept ». Souvent élaborée par des professionnels, cette charte permet de garantir une homogénéité du concept. Certains recherchent des points de vente qui se ressemblent avec une maîtrise d'œuvre assurée par l'enseigne. D'autres acceptent que chaque enseigne ait sa propre âme, du moment qu'elles respectent les codes architecturaux de la marque, aussi appelés « marqueurs du concept ».

Au nom de l'intégrité du concept, le franchiseur a la possibilité de recommander au franchisé des prestataires dans la conception, dans l'équipement (mobilier, matériel de cuisine), dans la maîtrise d'œuvre (chantier) et dans le recrutement. Il peut même les imposer s'il a de bonnes raisons de le faire. Dans tous les cas, le prévisionnel des travaux est soumis à une validation préalable de l'enseigne qui s'assure de la qualité de la mise en œuvre de son concept.

Avis d'experts

Julien Siouffi. « Mettre en ligne votre savoir-faire. »
Le digital a d'abord été considéré avec méfiance par les franchiseurs. Ces derniers redoutaient le risque de dissémination de leur savoir-faire, le risque de perte de contrôle des franchisés et les dérives possibles du commerce en ligne. Aujourd'hui, face à la multiplication des écrans et des outils, le web est un vecteur indispensable de mise à disposition du manuel opératoire. Il est recommandé de dépasser la notion de Gestion Électronique de Documents (GED), qui consiste à classer des documents dans des dossiers comme on le ferait sur le disque dur de son ordinateur, au profit d'un véritable management de la connaissance.

Chaque document est indexé, comme le ferait Google, afin d'être retrouvé sur simple requête de l'utilisateur. De même, l'interface web permet un accès personnalisé qui garde la trace des documents les plus consultés, facilitant l'ergonomie du site. Enfin, le site web permet une traçabilité des connections et des consultations, qui s'avèrent très favorables à la sécurité juridique du franchiseur. Le format web permet également d'intégrer au manuel opératoire des outils connexes : forum, plate-forme de formation, site d'achat en ligne, etc. Dans sa forme digitale la plus aboutie, le savoir-faire est mis à disposition de chaque intervenant au concept, au moment où il en besoin, avec un média intégré directement dans l'outil d'exploitation du concept (logiciel, tablette, écran du point de vente, etc.)

Hubert Bensoussan. « Protéger le savoir-faire. »
A l'ère du digital, les copieurs sont légion dans les systèmes de franchise : ex-franchisés, ex-salariés, concurrents... Les créateurs de savoir-faire efficaces sont surveillés et leurs créations sont bien souvent pillées. Pourtant, ils peuvent se protéger.

Intérêt de la protection
- Les franchiseurs sont très sensibles à la protection de leur savoir-faire ; elle leur permet non seulement de conserver leur avantage concurrentiel, mais également de limiter les arrivées sur le marché de concurrents copieurs avançant à moindre coût ;
- Les franchisés en place sont particulièrement agacés quand ils

constatent que d'ex franchisés ou des concurrents tiers utilisent à bon compte le savoir-faire de leur Enseigne ; cela peut déstabiliser le réseau dans son ensemble.

Une protection légale
Jusqu'à une date récente, la protection d'un savoir-faire non breveté était bien difficile à mettre en œuvre. Seule existait l'action en concurrence déloyale qui laisse une large place à l'avis arbitraire du juge sur la copie, Désormais, avec la loi n°2018-610 du 30 juillet 2018, la quasi-totalité des savoir-faire peut être protégée. La loi dont l'objet est plus général (la protection du secret des affaires), vise en effet à protéger des informations pas nécessairement originales ; il suffit qu'elles soient peu facilement accessibles à tous.

Un franchiseur ne peut pas transmettre un savoir-faire banal ; il faut au moins une difficulté moyenne d'accès à ce savoir-faire pour légitimer sa fonction de franchiseur. Ce, quel que soit le domaine d'application du savoir-faire, qu'il s'agisse de la signalétique, de la relation clients, de la communication, du métier ou autre. Et lorsque l'on est le Conseil de nombreux réseaux d'une même activité, on voit bien, en entrant en coulisses, que chaque détail apparemment banal a son importance ; c'est l'assemblage qui fait la réussite et ouvre un droit à la protection.

Chaque réseau a sa spécificité. Chacun peut donc protéger son savoir-faire. Mais le juge ne prêtera la main à une telle mesure de protection qu'à la condition que le chef de réseau ait manifesté une intention claire et précise de protéger son savoir-faire. C'est l'un des sens de la loi.

Les précautions
• Il est indispensable pour chaque franchiseur voulant préserver ses spécificités de connaître parfaitement son savoir-faire, d'en réunir les composantes spécifiques en vue de mettre en œuvre leur protection ;
• Le digital vient au secours de la protection du savoir-faire avec les systèmes de type blockchain qui, bien utilisés, peuvent à certaines conditions conférer une date certaine aux différents documents contenant le savoir-faire du franchiseur, tels, au démarrage le document d'information précontractuelle, le contrat de franchise, le manuel opératoire, puis chacun des savoir-faire et leurs évolutions ;
• Cela suppose de bien cibler chacune des composantes du savoir-

faire, en les présentant comme telles, de mettre en œuvre une politique de communication valorisant cette protection, et d'enregistrer l'ensemble avec un système de type blockchain ;

• Le facteur distinctif de la franchise par rapport à tous les autres systèmes de distribution étant la transmission d'un savoir-faire distinctif, la protection issue de la loi du 30 juillet 2018 apparait indispensable. Elle vient s'ajouter à la classique action en concurrence déloyale, en promettant d'être bien plus efficace.

Hubert Bensoussan. « Manuel Opératoire et Droit. »

Le manuel opératoire

Le manuel opératoire compile le savoir-faire du franchiseur. Aujourd'hui, il est rare que celui-ci ne soit pas digital. Il doit être très simple d'accès pour être lu et non rangé dans un tiroir pour la durée du contrat. Malgré son importance fondamentale, il ne peut être transmis dans la phase précontractuelle. En effet, nombre de candidats sont destinataires d'un DIP sans pour autant signer de contrat de franchise. Une telle transmission se heurterait à la confidentialité du savoir-faire.

Pourtant, certains éléments, substantiels, sont suffisamment déterminants pour justifier d'une communication en amont, surtout à une époque où le droit général des contrats exige que les contractants communiquent avant toute signature, toute information qui pourrait être déterminante pour la relation contractuelle. Par exemple, l'échec réitéré de succursales du franchiseur n'a pas à être mentionné sur le DIP selon les articles R330-1 et L330-3 du code de commerce. Pourtant, si le franchiseur lui-même est en situation d'échec, une telle situation doit être connue par les candidats à la franchise ; elle peut en effet avoir un caractère déterminant sur la signature du contrat par le franchisé.

Au-delà de ces renseignements nécessaires, pour limiter le risque de sanction pour vice du consentement, le franchiseur doit systématiquement pouvoir justifier que le candidat à la franchise a pu se rendre sur les lieux et vérifier les effets du savoir-faire. Il en résulte 2 précautions fondamentales :

• Une mention expresse sur le contrat de ce que le franchisé a pu, pendant la période précontractuelle se rendre sur plusieurs unités de l'enseigne en vérifiant les spécificités et les effets du savoir-faire ;

• Le franchiseur doit garder trace de toutes les questions posées sur le savoir-faire pendant ses visites. A cette fin, il est loin d'être inopportun de rédiger des comptes rendus de visite dès la phase précontractuelle mentionnant les questions posées par le candidat devenu franchisé et les réponses apportées, l'ensemble devant être signé par les parties.

Le manuel opératoire doit être actualisé en permanence ; un savoir-faire statique perd en effet la fonction de secret inhérente à son statut. Même si nous savons que le secret en matière de savoir-faire est relatif ; le savoir-faire devant simplement être peu accessible à tous, il doit être sans cesse renouvelé. Le caractère digital du manuel opératoire facilite la transmission des éléments nouveaux du savoir-faire. Il en résulte des précautions :

• Une obligation de non-concurrence post-contractuelle doit être indispensable à la protection du savoir-faire pour être validée. Il est donc d'autant plus nécessaire de faire évoluer en permanence le savoir-faire si l'on entend protéger le concept. Chaque évolution devra faire l'objet de la transmission d'une modification du manuel opératoire ;

• Le manuel opératoire doit rappeler en divers endroits la notion de secret qu'il convient de respecter strictement. La protection de savoir-faire du franchiseur doit certes faire l'objet de démarches spécifiques (voir le chapitre protection du savoir-faire), mais le franchiseur doit marquer le plus possible en maints endroits sa volonté de protection. C'est le sens de la loi du 30 juillet 2018 sur le secret des affaires.

ÉTAPE 11. LA FORMATION DE VOS FRANCHISÉS

Présentation

Formation initiale

La formation initiale du franchisé comprend en général une phase théorique et une phase pratique. La phase théorique intègre la formation au savoir-faire spécifique de l'enseigne ainsi qu'une formation au métier d'entrepreneur franchisé. Cette formation comprend une sensibilisation à l'univers de la franchise, une explication des obligations comptables, fiscales et administrative du chef d'entreprise, une initiation aux bases du droit social et du management ainsi que des exercices de lecture d'un bilan. La formation théorique au savoir-faire spécifique est structurée en fonction du concept. Elle comprend la formation au savoir-faire original, ainsi que les outils métiers, comme le logiciel du réseau. Dans certains cas, il est nécessaire de prévoir une formation au secteur d'activité, comme un cadre règlementaire spécifique à l'activité.

Souvent réalisée en fin de formation, la partie pratique de la formation prend la forme d'un stage dans une unité franchisée ou une unité école. La durée moyenne de formation d'un franchisé est de 4 semaines, dont une semaine de pure pratique. Cette durée varie néanmoins suivant les concepts.

Quelle est la durée idéale de la formation initiale ?

La formation initiale du franchisé est une formation professionnelle courte : sa durée excède rarement 45 jours. Au-delà, le franchiseur risque de former un apprenant qui oublie les pratiques au fur et à mesure qu'il les apprend : trop de connaissances tue la connaissance. À l'inverse, une formation d'une semaine risque de frustrer le franchisé, en plus de remettre en question la consistance du savoir-faire. Une durée de 3 à 4 semaines, dont une semaine d'application, semble ainsi une norme idéale pour les capacités d'apprentissage d'un adulte.

Points de repères

Plan de formation

Le plan de formation est l'épine dorsale de l'action de formation. Il comprend une durée, un site, un programme quotidien, des intervenants, des supports pédagogiques et des quizz de contrôle. Autant d'éléments qui varient en fonction du secteur d'activité, de la technicité du concept et de sa facilité de mise en œuvre. Il est recommandé de ne pas dépasser 2h00 consécutives de formation, et de prévoir une pause le matin et une pause l'après-midi : ce temps de récupération est nécessaire à notre cerveau pour mieux assimiler les connaissances.

La formation se déroule en général sur 5 jours ouvrables, bien que le lundi matin et le vendredi après-midi peuvent être libérés si les apprenants ont un trajet à réaliser. Si les formateurs sont pluriels, il est important que le franchisé identifie un seul interlocuteur de référence, à qui il peut poser des questions et faire part de sujets qui le concernent directement. Le déroulement de la formation s'appuie en général sur des supports de type Powerpoint remis au franchisé au fil de la formation et complétés par des exercices pratiques, à réaliser seul ou en groupe.

Les formations en franchise se déroulent le plus souvent en immersion sur un site dédié, dans les bureaux ou dans un établissement, et le franchisé organise son logement et sa restauration avec l'assistance du franchiseur. Il est d'usage de prévoir un repas de fin de formation, qui couronne une session réussie et conviviale.

Formation continue

Visant à préparer le franchisé à son ouverture, le contenu de la formation initiale ne couvre que la première année d'exploitation. Une nouvelle session de formation est recommandée chaque année, afin qu'il dispose du savoir-faire du franchiseur pour réussir dans la durée et être formé aux nouveautés du réseau. Dans la pratique, peu de réseaux investissent la formation continue : il n'y a pas forcément de budget disponible et les franchisés ne sont pas particulièrement demandeurs face à un concept qui fonctionne au quotidien. Pourtant, le franchiseur qui ne s'engage pas dans cette démarche condamne son franchisé à une obsolescence programmée de ses connaissances et se prive d'un levier de performance pour son réseau. Le modèle économique du réseau doit prévoir une contribution mensuelle modeste pour la formation afin de pouvoir organiser des sessions régulières de formation, qu'elles soient en distanciel ou en présentiel.

Mobiliser des budgets formations

En France, la formation professionnelle constitue une obligation de contribution pour l'employeur. Ces budgets sont collectés par des structures publiques, les Opérateurs de Compétences (OPCO), qui financent en retour la formation des salariés, selon un process complexe et parfois peu intelligible. Ces budgets représentent un enjeu considérable pour les réseaux : la plupart des franchisés sont éligibles à des fonds de formation qui représentent 1 500 à 3 000€ par an en moyenne par unité. La mobilisation de ces fonds est un enjeu stratégique pour le franchiseur car elle finance l'effort de formation pour les franchisés et ses collaborateurs salariés.

Faut-il former les salariés des franchisés ?

Les salariés du franchisé sont un rouage clé de l'application du concept. Certaines enseignes choisissent d'inviter un collaborateur du franchisé à la formation initiale. Risqué mais payant ! Si le pari est réussi, le franchisé démarre son recrutement dans les meilleures conditions possibles d'exploitation. Dans tous les cas, à défaut de formation directe des collaborateurs du franchisé, le franchiseur doit organiser dans son manuel opératoire des parcours de formation que le franchisé peut dispenser lui-même à son équipe. Dans le format le plus abouti, ces parcours de formation prennent la forme de plateformes d'apprentissage à distance ou de sessions en présentiel, directement gérées par le franchiseur.

Avis d'experts

Laurent Delafontaine. « La formation, antichambre de la réussite du franchisé. »

Au siège ou dans l'unité pilote, la formation initiale dispense un apprentissage propre à l'enseigne, son savoir-faire et ses valeurs, essentiel pour que le candidat à la Franchise puisse intégrer le réseau. Il arrive bien souvent que cet enseignement théorique soit adapté selon ses connaissances et son expérience professionnelle. Certains réseaux proposent même des modules supplémentaires dans des domaines spécifiques (marketing, informatique, comptabilité, etc.).

À l'issue de cette formation, les franchisés peuvent être soumis à une évaluation, généralement sous forme de quizz, qui permet à la tête de réseau de valider la maîtrise des enseignements dispensés et de mesurer leur aptitude. L'objectif ? Donner aux franchisés les clés afin d'être opérationnels et d'exploiter le concept avec succès, en repartant avec un support pédagogique, un manuel opératoire détenant l'ensemble des outils métiers et un ensemble de procédures nécessaires.

En plus d'acquérir un certain nombre de compétences spécifiques au concept, le franchisé doit adhérer à l'enseigne et à ses valeurs afin de pouvoir en devenir l'ambassadeur. En tant que représentant de l'enseigne, il doit se conformer à l'image de marque et à la stratégie mise en place par la tête de réseau. La durée de cette formation varie considérablement d'un secteur d'activité à l'autre. Parmi les formations les plus longues, on compte la boulangerie avec une moyenne de 60 jours. À l'inverse, le prêt-à-porter nécessite généralement 11 jours de formation.

Julien Siouffi. « Commencer l'exploitation dès la formation. »

Pour certains concepts, il est possible de démarrer l'exploitation de l'activité dès la phase de formation, dans un environnement encadré. En BtoB, la prospection commerciale débute lors de la dernière semaine de la formation, afin que le franchisé se familiarise aux techniques de l'enseigne, entouré des formateurs. Dans le cadre de la formation en groupe, l'émulation est un facteur clé de réussite. Porté par l'énergie du collectif, le franchisé se montre plus performant dans son travail de prospection que s'il est seul chez lui. Cette technique de transition douce entre la formation et l'exploitation l'aide à accorder plus de valeur à son environnement de réseau.

Julien Siouffi. « Privilégiez la diversité. »
La formation initiale est un temps privilégié pour bâtir une relation de confiance entre le franchiseur et le franchisé. C'est une période propice aux échanges et aux discussions informelles, qui aide le franchisé à se préparer mentalement à sa nouvelle aventure professionnelle. Friand de rencontres, d'anecdotes, d'expériences pratiques et de travaux en groupe, il est conseillé de favoriser la diversité des intervenants et d'impliquer tous les salariés de la tête de réseau : partenaires, fournisseurs, collaborateurs et même clients.

Hubert Bensoussan. « Le périmètre de la formation. »
Toutes les règles de la franchise, françaises et européennes, tendent vers la plus grande indépendance des franchisés. Pourtant, comme l'a écrit Gide, « de tout ce qui t'a formé tu dépends » et l'une des prérogatives fondamentales du franchiseur est de transmettre son savoir-faire, et donc de former. On a vu que le juge peut dispenser un chef de réseau de transmission d'une « bible » dès lors qu'il justifie d'une formation efficiente.

La formation est l'un des piliers fondateurs de la franchise. Quel que soit le concept, il contient des parties génériques applicables à toutes activités de même type, et des parties spécifiques, appliquées par le seul réseau de franchise concerné. Le franchiseur doit-il former à tout ou se contenter des domaines où son savoir-faire est spécifique ? La question est importante car l'efficience potentielle du savoir-faire du franchiseur – et donc sa responsabilité en cas de défaillance - sont présumées sur tous les domaines concernés par sa formation.

Le domaine du savoir-faire
Il fut un temps où le domaine du savoir-faire des franchiseurs était très limité, il ne concernait que le métier. Le franchiseur de pizza avait pour savoir-faire la recette des pizzas, comme les coiffeurs la coupe ou la mise en plis. Avec le développement des concepts et de la concurrence, les Enseignes ont affiné leur savoir-faire, en comprenant que le moindre détail pouvait avoir une influence sur les résultats. On est passé d'un savoir-faire métier à un savoir-faire global. Le coiffeur doit connaître la

coupe et ses accessoires, mais il ne doit pas négliger le marketing, la communication, la relation client, etc. Aujourd'hui, le franchiseur est tenu d'indiquer contractuellement sur quoi porte son savoir-faire, et le savoir-faire ainsi identifié doit faire l'objet d'une formation exhaustive.

Une formation concerne toute l'activité du concept, quelle qu'en soit la spécificité
Même si le franchisé est déjà professionnel dans l'activité du concept, il doit apprendre ou réapprendre les bases du métier, à la lumière des pratiques du franchiseur. Certes, une formation sur tous les sujets touchant l'activité du concept peut nuire à l'indépendance du franchisé, sans paraitre indispensable du fait du caractère générique de certaines parties du savoir-faire. Mais la manière de mettre en œuvre des règles génériques en matière de savoir-faire, ou de les mixer aux règles initiées par l'Enseigne constitue elle-même une forme de savoir-faire spécifique du franchiseur.

Le franchiseur pourra obtenir l'aide de formateurs tiers pour la partie strictement générique de la formation, mais les points névralgiques du concept, considérés comme le cœur de l'activité par le chef de réseau, feront l'objet d'une formation par la seule équipe franchiseur ; le savoir-faire devant conserver une part de secret. En toute hypothèse, même sur sa partie générique, la formation doit être au moins encadrée par le franchiseur.

Les précautions
- Le franchiseur doit veiller à ce que la formation soit en permanence actualisée et parfaitement comprise par les franchisés. Elle conditionnera la qualité de l'image de l'Enseigne perçue par le consommateur ;
- Tout savoir-faire dont se prévaut le franchiseur peut engager sa responsabilité. S'il est mal appliqué par un franchisé, le chef de réseau doit réagir et mettre ce dernier en demeure de le respecter, faute de quoi, la défense du franchiseur sera plus difficile en cas d'échec du franchisé si celui-ci veut lui imputer sa déconfiture ;
- Le franchiseur veillera à assurer la protection des supports de savoir-faire et de leur contenu, notamment grâce à la loi du 30 juillet 2018 sur le secret des affaires (supra).

ÉTAPE 12. LA RÉUSSITE DE VOTRE OUVERTURE

Présentation

120 jours pour réussir

Les 4 premiers mois d'exploitation sont cruciaux pour atteindre la rentabilité du point de vente. La clé de cette réussite ? Modéliser l'exploitation du franchisé en détaillant ce qu'il doit faire, ce que doit faire l'enseigne et ce que doivent être les résultats de référence. Le tout répertorié dans un manuel opératoire d'ouverture. Le lancement du franchisé est une étape charnière pour le franchisé comme pour le franchiseur. Si le démarrage est bon, alors la relation repose sur des bases solides et l'aventure sera riche pour chacun. À l'inverse, si le lancement est raté, le franchisé en gardera un souvenir cuisant, une empreinte émotionnelle négative qui perdurera jusqu'à la fin de la relation avec son franchiseur.

À ce moment clé de la vie du franchisé, le franchiseur a tout intérêt à actionner des ressources humaines (chargé d'ouverture), des ressources de communication et un support hotline pour résoudre tous les problèmes liés aux premières fois. Ensuite, il établit un référentiel précis des ratios commerciaux hebdomadaires, des ratios d'exploitation et des ratios financiers des 120 premiers jours d'exploitation pour vérifier que l'unité suit un démarrage normal. Suivant le type d'activité, le comptage peut être journalier, hebdomadaire, bimensuel ou mensuel.

Dans le même temps, le franchiseur défini l'ensemble des actions à mettre en place pour accompagner l'ouverture et indique au franchisé ce qui est attendu de lui et de ses équipes. En préparant aussi minutieusement le démarrage de son exploitation, le franchiseur se donne toutes les chances pour atteindre un équilibre d'exploitation dès la fin des 120 premiers jours.

Points de repères

Stress d'ouverture du franchisé

Au-delà de la formation, le franchiseur doit garder en tête une autre dimension, tout aussi essentielle : la psychologie du franchisé. À la veille de l'ouverture de l'enseigne, ce dernier ressent en général un stress important. Totalement investi, il peut vite être fragilisé par des événements qui ne se passent pas comme prévu. Aussi est-il important pour le franchiseur d'être présent, à l'écoute et patient. Idéalement, il cadre précisément les actions de chacun dans un rétroplanning précis pour accompagner le franchisé dans la mise en route de son unité. Le franchiseur a d'autant plus intérêt à déployer cette prestation qu'elle est rémunérée.

Franchisés pionniers

Au lancement du réseau, les franchisés qui rejoignent l'enseigne sont principalement des pionniers : leur quête n'est pas la sécurité mais l'épanouissement, voire la performance financière. Être pionnier, c'est prendre une place privilégiée dès le début de l'aventure, participer à la construction du réseau et entretenir une relation privilégiée avec l'enseigne. Dans une logique financière, c'est également l'assurance de capter les territoires les plus prometteurs, dans les meilleures conditions. Très impliqués dans la vie du réseau, les franchisés pionniers ont tendance à s'approprier le concept, qui devient « leur » réseau. L'enjeu pour le dirigeant de l'enseigne consiste à garder cette énergie intacte tout en intégrant des franchisés au profil plus « suiveur », attirés par la sécurité que procure un concept désormais éprouvé par les franchisés pionniers.

Équipe du franchisé

Le franchiseur a la possibilité d'assister le franchisé dans le sourcing par des procédures de sélection des personnes avec qui il peut travailler, par la recommandation d'un cabinet de recrutement ou encore par des conseils astucieux sur des techniques d'optimisations financières. À cet égard, il est possible de faire financer par Pôle Emploi la formation préalable à l'embauche des salariés du franchisés pendant une période pouvant aller jusqu'à 8 semaines, dans le cadre de d'un dispositif de Préparation Opérationnelle à l'Emploi. La mise en œuvre de cette technique n'autorise pas pour autant le franchiseur à recruter à la place du franchisé : son devoir se limite, encore une fois, à l'assistance.

Kit de lancement

À l'heure du digital, la communication de lancement du franchisé est primordiale, notamment avec la création d'une page web dédiée à l'unité franchisée, la création d'une page sur les réseaux sociaux adaptée à la cible du concept, l'achat d'espaces publicitaires, la collaboration avec les influenceurs ou encore toute forme de stratégie digitale qui a réussi au pilote. La mise en place de tels outils est supervisée par l'enseigne, voire réalisée directement par ses soins.

En effet, le franchisé incarne la marque localement, en plus de la représenter sur Internet, accessible universellement. Son discours doit être parfaitement cohérent avec celui de la marque. Idéalement, le franchiseur prend en charge l'ensemble de la communication de lancement, dans le cadre d'un package facturé afin de s'assurer de la qualité de ce qui est diffusé et, d'autre part, de permettre au franchisé de se concentrer sur l'enjeu principal de tout entrepreneur franchisé en lancement : encaisser.

Au côté du franchisé, l'animateur

L'ouverture est un moment de grande tension pour le franchisé. C'est l'aboutissement d'un travail de longue haleine, dans lequel il s'est investi personnellement et financièrement. L'ouverture d'une unité est souvent émaillée de menus incidents, qui peuvent prendre une proportion démesurée dans ce contexte de stress : la présence de l'animateur du réseau s'avère indispensable avant et après l'ouverture, pour apporter de l'expérience, une distance bienveillante et des conseils avisés. L'animateur est également dans son rôle de courroie de transmission avec la tête de réseau dans le but de faire remonter d'éventuelles améliorations ou perfectionnements de l'enseigne. Dans les semaines et les mois qui suivent l'ouverture, l'animateur de réseau peut rester proche du franchisé dans un rôle de coach, afin d'accompagner la montée en compétence et en confiance du franchisé.

> **Les tableaux de bord du réseau**
>
> La franchise repose sur la réitération d'un pilote probant, et cette réussite se mesure avant tout par des chiffres. La mise en place de tableaux de bord du franchisé, afin que celui-ci dispose de point de repères concernant sa performance, est indispensable. Parmi les indicateurs clés, le chiffre d'affaires est souvent privilégié, mais il n'est pas exclusif : ce peut-être le nombre de contacts, de passages, d'appels téléphonique... autant d'indicateurs d'activité avancés qui témoignent d'une réussite probable de l'implantation locale du concept.

L'animateur, un rôle pivot

Animer un réseau de franchise est indispensable pour assurer la cohérence et l'homogénéité de l'application du concept. Employé par le franchiseur, l'animateur est un intermédiaire clé dans la relation entre les 2 parties. C'est un relais qui délivre les consignes du franchiseur et transmet les informations ou demandes des franchisés. L'animateur est à la fois un consultant, au sens où il apporte de la valeur ajoutée aux franchisés par son regard externe et son expérience du concept. Et un auditeur, au sens où il veille à faire appliquer au mieux le référentiel du concept. C'est aussi un ambassadeur au sens où il transmet aux franchisés les actions et informations émanant du franchiseur. Bref, l'animateur est la pièce maîtresse en franchise.

Parmi ses missions, l'animateur doit :
- Veiller à la bonne application du concept ;
- Délivrer des conseils opérationnels ;
- Optimiser la performance économique ;
- Garantir l'homogénéité et la cohérence ;
- Maîtriser les process, services et produits de l'enseigne ;
- Maîtriser les process, services et produits de l'enseigne ;
- Faire preuve de réactivité pour répondre aux problématiques quotidiennes des partenaires ;
- Mettre au point un accompagnement évolutif adapté à la courbe de vie du franchisé ;
- Garantir la bonne relation entre franchiseur et franchisés ;
- Faire preuve d'écoute, de bienveillance et de respect à l'égard des membres du réseau ;
- Transmettre au franchiseur les informations, revendications et

besoins des partenaires.

Très sollicité par les franchisés au départ, il l'est de moins en moins avec le temps. Toutefois, même après plusieurs années au sein du réseau, il n'en reste pas moins soumis aux règles et aux stratégies élaborées par la tête de réseau. L'animateur veille au bon usage du concept et au respect du manuel opératoire pendant toute la durée du contrat. Il doit adapter son accompagnement à la courbe de vie du franchisé et aux problématiques propres à ces différentes étapes. Animer le réseau permet d'assurer la fluidité entre ses membres, d'encadrer la gestion des rapports entre franchiseur et franchisés et enfin, de maintenir l'activité.

Mais attention. En surnombre, les animateurs entraînent des coûts inutiles. En sous-effectifs, ils n'arrivent pas à mener efficacement leurs missions. En général, les animateurs de réseau passent au minimum une fois par an dans le point de vente. On considère qu'un animateur peut avoir la charge d'animer 30 à 40 franchisés.

Qualités indispensables de l'animateur
Chef d'orchestre
Le temps des check-lists que l'animateur égrenait lors de ses visites chez ses franchisés est révolu. Autrefois, chaque case cochée défavorablement donnait lieu à d'interminables discussions avec l'interlocuteur. Aujourd'hui, l'animateur est l'interface indispensable entre les franchisés et la tête de réseau. Il « descend » une stratégie et des plans d'action et « remonte » les dysfonctionnements vus sur le terrain.

Maîtrisant le concept et son application, il a l'œil extérieur sur ce que l'on ne voit plus et les recommandations adéquates pour stimuler une performance. Par ailleurs, c'est un excellent généraliste qui sait faire appel à des spécialistes. Il s'appuie sur le renfort bénéfique d'un moniteur, véritable expert, qui intervient sur une problématique ponctuelle (ex : remise à plat du merchandising). C'est également lui qui sollicite le marketing pour créer une opération « Portes-ouvertes » d'un franchisé et qui se rapproche de l'informatique pour résoudre un problème récurrent.

Opérationnel
Pour veiller à la bonne application du concept, l'animateur doit connaître et maîtriser l'ensemble des process, services et produits de l'enseigne.

Il se charge de promouvoir les nouveautés auprès des franchisés et de faire appliquer les nouveaux dispositifs mis en œuvre par le franchiseur. Capable de réactivité pour répondre aux problématiques quotidiennes des franchisés, il bénéficie d'une connaissance terrain lui permettant de délivrer des conseils opérationnels pertinents. Il agit au bon moment et propose les solutions les plus adaptées, en fonction de chaque partenaire et de chaque point de vente.

Fédérateur

Garant de la bonne relation entre franchiseur et franchisés, l'animateur dispose de grandes qualités relationnelles. Érigé comme ambassadeur de l'enseigne auprès des partenaires du réseau, il rassemble et fédère les équipes autour de valeurs communes inculquées par le franchiseur. L'animateur veille également à intégrer les franchisés à la vie du réseau afin de favoriser l'engagement et l'implication de tous. Par ses vertus humaines, il sait répondre aux différents besoins des franchisés. Sens de l'écoute, bienveillance et respect sont de rigueur.

Pragmatique

L'animateur est capable de bienveillance comme de fermeté. Courroie de transmission entre le franchiseur et ses franchisés, il s'assure de maintenir le dialogue et de prévenir des litiges. Également, il œuvre pour le franchiseur au développement de l'enseigne, veillant au respect du cahier des charges et à la performance économique des points de vente franchisés. Pour évaluer la performance de chaque point de vente, l'animateur regroupe un ensemble de données statistiques, obtenues au travers d'audits de sites, d'échanges quotidiens avec les franchisés et de la remontée des données commerciales, notamment via un logiciel de caisse. L'animateur fait preuve d'une grande capacité d'analyse et sait identifier les points forts comme les points faibles de chacun des points de vente de sa zone.

Assidu

Afin d'identifier, de comprendre et de répondre aux besoins des franchisés, l'animateur met en place un suivi de qualité. Pour ce faire, il doit connaître les partenaires du réseau et les spécificités de chacun de leur point de vente. Un sens de l'observation et de l'organisation s'impose. L'animateur propose également un accompagnement qui s'adapte à la courbe de vie du franchisé. En répondant efficacement aux problématiques relatives aux différentes étapes du franchisé, il s'assure du maintien de l'homogénéité et de la cohérence du réseau. Il doit enfin transmettre les informations, besoins et éventuelles revendications des franchisés pour trouver des réponses en temps voulu. Le recueil d'informations terrains ainsi que les visites sur site sont absolument indispensables. L'animateur doit se montrer investi auprès des franchisés de sa zone

4 conseils pour animer un réseau
L'animation est une aide indispensable à la réussite d'un réseau de franchisés. Rien ne doit-être écarté pour obtenir les meilleurs résultats. Voici 5 conseils pour animer au mieux un réseau de franchisés.

Nouvelles technologies au service de l'animation
Les nouvelles technologies sont essentielles pour soulager le travail de l'animateur et augmenter son efficacité. Cela commence par la synchronisation des systèmes d'encaissement en magasin avec un logiciel central de consolidation. Nombre de visites, nombre de ventes d'un modèle particulier, panier moyen, CA/m2, taux de rotation d'un couvert, etc. Tout est pris en compte afin de palier la moindre surprise.

Du côté du franchisé, ce reporting permet d'obtenir des comparatifs : temps, géographie, groupes. Dans ce souci de performance, la mise en place d'un social business et de bases de connaissances actives (intranet, plate-forme collaborative, réseau social d'entreprise) rapproche les membres d'un réseau via des messageries instantanées et la mise à disposition de documents clés : manuels de bonnes pratiques, veille concurrentielle, supports de formation en ligne, services d'impressions en ligne homogénéisés pour le réseau, etc.

Externalisation de certaines prestations
La notion d'animateur est parfois compliquée à mettre en œuvre sur le terrain. Comment noter positivement la présence de toute la gamme chez le franchisé, lorsque le franchiseur multiplie les ruptures de stock ? Faut-il noter une publicité sur le lieu de vente (PLV) erronée chez le franchisé si le site du franchiseur n'a toujours pas repris la coquille sur sa fiche de présentation web ? L'idéal est d'externaliser les prestations de contrôle (client mystère, HACCP, stocks marchandise, comptabilité), de centraliser les actions sur les écarts notables (un recommandé sur un problème d'hygiène, par exemple) et de laisser l'animateur proposer des

plans d'action palliatifs.

Rendez-vous annuels
Aux yeux des collaborateurs franchisés, la convention annuelle est très attendue, tout comme les réunions régionales. À la fois rétroviseur de la période écoulée et projecteur sur la future stratégie, c'est un moment de travail qui porte en lui une notion forte de retrouvailles et d'appartenance à un groupe, avec la présence de grands témoins, de groupes de travail et d'ateliers d'échanges. C'est aussi un moment d'évasion relationnelle, sportif, ludique et festif à pas sous-estimer.

Instances représentatives
L'animation d'un réseau passe par une intégration des franchisés à travers la création d'instances représentatives. Celles-ci se composent de franchisés élus par leurs pairs ou parfois auto-désignés, qui participent à des réunions de travail thématiques (marketing, achat, informatique) organisées par le franchiseur et dont les CR sont adressés aux franchisés. L'animation d'un réseau consiste également à passer par l'accueil de candidats pour les « journées découvertes du concept » et la mise en place de parrainages de jeunes franchisés par des plus anciens.

Avis d'experts

Julien Siouffi. « Le plan d'action annuel du franchisé. »
Basé sur 3 périodes de 120 jours, du premier janvier au 31 décembre, le Plan d'Action Annuel du Réseau repose sur la comparaison entre les ratios atteints par le franchisé (ratios commerciaux, d'exploitation et financiers) avec ceux du modèle de performance cible du concept. L'écart entre les performances du franchisé et celles du modèle cible désigne naturellement les axes d'amélioration du franchisé. L'animateur propose alors une série d'actions préconisées au franchisé dans le cadre d'un plan d'actions personnalisé : le Plan d'Action Annuel du Franchisé (PAAF). Puisées dans la boite à outil de l'animation, ces actions sont assemblées en fonction de chaque situation du franchisé. Le PAAF traduit le devoir d'assistance du franchiseur au franchisé. C'est une obligation de moyen de la part du franchiseur. Les PAAF sont pré-structurés en fonction de la position du franchisé dans son cycle de vie : démarrage, croissance, maturité, multi-site. Le pilotage et le coaching de réussite du PAAF constituent le cœur de la mission d'assistance de l'animateur.

Julien Siouffi. « L'importance de la data en franchise. »
Le modèle de la franchise repose sur la reproduction d'une performance, telle qu'expérimentée dans le ou les pilotes du réseau. Le savoir-faire et la marque sont des moyens d'atteindre cette performance chiffrée. L'intégration systématique du digital dans la relation client permet de recueillir un nombre élevé de données : fréquentation, chiffre d'affaires, achats etc. Les ratios commerciaux, d'exploitation et financiers qui caractérisent le modèle de performances cibles du franchisé deviennent accessibles à l'échelle de l'ensemble du réseau, dès lors que les logiciels utilisés sont communs.

Le franchiseur a tout intérêt à organiser l'homogénéité des outils logiciels de son réseau et à collecter les données afférentes dans le respect du RGPD et de l'indépendance du franchisé. Outre le pilotage du réseau, ça lui permet d'établir des moyennes, des ratios et des échantillons qui renseignent sur la performance effective de son réseau. Utilisables dans le cadre du développement du réseau, ces données chiffrées témoignent de la performance du concept et assistent le franchisé dans la préparation de son projet. De même, ce référentiel permet d'animer efficacement le réseau de franchisés en leur permettant de s'étalonner par rapport aux meilleures performances, dans une logique d'amélioration permanente.

Bien sûr, le succès de la franchise tient avant tout à la rencontre d'un modèle et d'une personnalité, qu'il s'agisse du dirigeant du réseau ou du franchisé. Le propos n'est pas de remplacer la composante humaine par des datas, mais bien au contraire de libérer les énergies pour faire converger les efforts de tous vers l'atteinte d'une performance identifiée et prévisible. Dans un monde digitalisé caractérisé par l'incertitude et le changement permanent, le savoir-faire du franchiseur s'enrichit d'une nouvelle dimension : le pilotage à la performance du concept.

Laurent Delafontaine. « Retour d'expérience sur les réussites en réseau. »
Une question m'est souvent posée : avez-vous des échecs parmi vos clients ? La réponse est positive et m'a permis d'en connaitre les raisons. Avant tout, je pense que sur 10 clients, 3 vont surperformer, 5 vont se développer « à leur rythme » et 2 vont échouer. Les 20% d'échec résident souvent dans la gouvernance du projet, la motivation et l'implication de la personne qui porte le projet. La franchise est vue comme un moyen peu couteux et opportuniste de développement, le dirigeant y prête peu d'attention et attend beaucoup sans vouloir trop donner. C'est un peu comme si vous souhaitiez exporter en Chine sans jamais vouloir y aller. Le constat sera le même, faute de résultats rapides, le dirigeant se lasse et abandonne son projet.

Une autre raison d'échec se trouve dans le refus de financement bancaires des projets de franchise des candidats. Le concept est bon, mais sans forte originalité ou notoriété, l'entreprise est jeune et avec une faible visibilité des pilotes, le projet nécessite beaucoup d'investissements avec peu d'actifs amortissables, ... En somme, c'est une start-up mais sans l'effet digital qui séduit les investisseurs. L'issue va ainsi dépendre de la capacité financière de l'entreprise à poursuivre l'exploitation de ses sites pilotes et simultanément d'investir dans la communication pour faire connaitre sa franchise.

Mais il existe de vraies réussites à l'image de ma première enseigne cliente MAISON NATILIA, qui partait d'une feuille blanche en 2012, pour devenir aujourd'hui le 1er constructeur national en franchise de maisons ossature bois avec plus de 60 agences. Autre exemple avec la BOULANGERIE

FEUILLETTE que j'ai connue fin 2012 avec un chiffre d'affaires sous enseigne de 6M€ et qui va terminer l'année 2021 a plus de 70M€ et plus de 50 unités. Citons aussi LES MENUS SERVICES, KANALIZE (groupe SUEZ), O'TACOS, MYAUCHAN, MISS COOKIES, RNPC, POINTB, ... qui ont tous des points communs pour expliquer leur réussite. L'engagement du dirigeant est selon moi la clé de voute d'une franchise : le temps qu'il va lui consacrer, sa curiosité pour en comprendre le fonctionnement, sa recherche de bonnes pratiques, sa participation active lors du projet et par la suite avec ses franchisés.

Le « faire-savoir » est aussi une raison pouvant expliquer certains succès, la communication autour d'une jeune franchise est primordiale, et le « buzz » qui accompagne son dynamisme est favorable au recrutement des franchisés. L'équipe entourant le dirigeant est un plus indéniable dans un projet de franchise. A titre d'exemple, un collaborateur expert dans son domaine sera bien utile dans la rédaction du manuel opératoire du franchisé et indispensable dans l'accompagnement lors de l'ouverture du point de vente. Enfin le budget d'un projet de franchise ne doit pas être sous-estimé, il est illusoire de vouloir compter sur les premiers droits d'entrée car il faut semer pour récolter.

En somme, la franchise est un nouveau métier qui nécessite un apprentissage et la construction d'outils bien spécifiques qu'un néophyte ne peut pas imaginer. Certaines enseignes vont s'entourer de cabinets spécialisés comme AXE RESEAUX pour les accompagner, d'autres vont internaliser ce savoir en recrutant un professionnel de la franchise. Dans les 2 cas, ils vont éviter de mauvais choix stratégiques, gagner en vitesse et efficacité et assurer une assise pérenne à leur développement.

CONCLUSION

La franchise, success story
en quête de son public

Si la performance de la franchise est avérée par des succès d'enseignes tels que MCDONALD'S, CENTURY 21 ou CARREFOUR, les chiffres en France ne sont pas toujours à la hauteur de sa notoriété : 28 réseaux créés dans l'année 2018 et 1 091 nouveaux points de ventes franchisés. Au regard des 691 000 nouvelles entreprises enregistrées en France sur la même période, ces chiffres restent étonnamment modestes.

Comme nous l'avons vu dans cet ouvrage, l'industrie de la franchise comporte pourtant de nombreux avantages :
- Transformation des actifs en sources de profits du franchiseur ;
- Financement de la croissance par les franchisés ;
- Visibilité commerciale assurée par des contrats de 6,6 ans en moyenne ;
- Croissance du réseau sans perte de contrôle du concept ;
- Contrat pas seulement économique, mais fondé principalement sur une base vertueuse de réussite partagée ;
- Petites unités opérationnelles agiles fédérées autour d'un chef d'entreprise autonome ;

- Réactivité optimale garantie par une structure nativement horizontale ;
- Recherche permanente de la meilleure pratique, avec un profit réparti suivant des règles claires ;
- Modèle financier du franchiseur fondé sur la mise à disposition du savoir-faire, aux marges significatives.

À l'heure du digital, la franchise devrait davantage séduire les grands groupes comme les PME. C'est un modèle économique gagnant-gagnant qui fait fructifier un savoir-faire existant, assure un retour sur investissement rapide et permet de mesurer ses performances dans les principaux métiers des réseaux (direction, développement, formation, animation et communication).

Pour s'imposer comme une stratégie de développement à part entière enseignée dans les écoles, prescrite aux chefs d'entreprise et plébiscitée par la finance, le modèle de la franchise doit entrer dans une nouvelle phase : celle de la formalisation de son modèle. L'ambition de cet ouvrage est d'y participer.

RÉFÉRENCES

Code de déontologie : www.franchise-fff.com
Loi Doubin : www.legifrance.gouv.fr (article L330-3)

Printed in Great Britain
by Amazon